通信運營商CRM與經營分析系統實訓教程

武建軍 主編 張洪 陳奇志 副主編

崧燁文化

總 序

　　實踐教學是高校實現人才培養目標的重要環節，對形成學生的專業素養，養成學生的創新習慣，提高學生的綜合素質具有不可替代的重要作用。加強和改進實踐教學環節是促進高等教育方式改革的內在要求，是培養適應社會經濟發展需要的創新創業人才的重要舉措，是提高本科教育教學質量的突破口。

　　信息通信技術（ICT）的融合和發展推動了知識社會以科學2.0、技術2.0和管理2.0三者相互作用為創新引擎的創新新業態（創新2.0）。創新2.0以個性創新、開放創新、大眾創新、協同創新為特徵，不斷深刻地影響和改變著社會形態以及人們的生活方式、學習模式、工作方法和組織形式。隨著國家創新驅動發展戰略的深入實施，高等學校的人才培養模式必須與之相適應，應主動將「創新創業教育」融入人才培養的全過程，應主動面向「互聯網+」不斷豐富專業建設內涵、優化專業培養方案。

　　「雙創教育」為經濟管理類專業建設帶來了新的機遇與挑戰。經濟管理類專業建設一方面應使本專業培養的人才掌握系統的專門知識，具有良好的創新創業素質，具備較強的實際應用能力。另一方面，經濟管理類專業建設還應主動服務於以「創新創業教育」為主要內容的相關專業的建設和發展。為了更好地做好包括師資建設、課程建設、資源建設、實驗條件建設等內容的教學體系建設，教學內容、資源、方式、手段的信息化為經濟管理類專業建設提供了有力的支撐。《國家中長期教育改革和發展規劃綱要（2010—2020年）》提出：「信息技術對教育發展具有革命性的影響，必須予以高度重視。」《教育信息化十年發展規劃（2011—2020）》提出：推動信息技術和高等教育深度融合，建設優質數字化資源和共享環境，在2011—2020年建設1,500套虛擬仿真實訓實驗系統。經濟管理類專業的應用性和實踐性很強，其實踐教學具有系統性、綜合性、開放性、情景性、體驗性、自主性、創新性等特徵，實踐教學平臺、資源、方式的信息化和虛擬化有利於促進實踐教學模式改革，有利於提升實踐教學在專業教育中的效能。但是，與理工類專業相比，經濟管理類專業實踐教學體系的信息化和虛擬化起步較晚，全國高校已建的300個國家級虛擬仿真實驗教學中心主要集中在理工醫類專業。因此，為了實現傳統的驗證式、演示式實踐教學向體驗式、互動式的實踐教學轉變，將虛擬仿真技術運用於經濟管理類專業的實踐教學顯得十分必要。

　　重慶郵電大學經濟管理類專業實驗中心在長期的實踐教學過程中，依託學校的信息通信技術學科優勢，不斷提高信息化水平，積極探索經濟管理類專業實踐教學的建設與改革，形成了「兩維度、三層次」的實踐教學體系。在通識經濟管理類人才培養的基礎上，將信息技術與經濟管理知識兩個維度有效融合，按照管

理基礎能力、行業應用能力、綜合創新能力三個層次，主要面向信息通信行業，培養具有較強信息技術能力的經濟管理類高級人才。該中心2011年被評為「重慶市高等學校實驗教學示範中心」，2012年建成了重慶市高校第一個雲教學實驗平臺——「商務智能與信息服務實驗室」。2013年以來，該中心積極配合學校按照教育部及重慶市建設國家級虛擬仿真實驗教學中心的相關規劃，加強虛擬仿真環境建設，自主開發了「電信運營商組織營銷決策系統」「電信boss經營分析系統」「企業信息分析與業務外包系統」三套大型虛擬仿真系統，同時購置了「企業經營管理綜合仿真系統」「商務智能系統」以及財會、金融、物流、人力資源、網路營銷等專業的模擬仿真教學軟件，搭建了功能完善的經濟管理類專業虛擬化實踐教學平臺。

為了更好地發揮我校已建成的經濟管理類專業虛擬實踐教學平臺在「創新創業教育」改革中的作用，在實踐教學環節讓學生在全仿真的企業環境中感受企業的生產運營過程，縮小課堂教學與實際應用的差距，需要一套系統規範的實驗教材與之配套。因此，我們組織長期工作在教學一線、具有豐富實踐教學經驗和企業經歷的教學和管理團隊精心編寫了系列化實驗教材，並在此基礎上進一步開發虛擬化仿真實踐教學資源，以期形成完整的基於教育教學信息化的經濟管理類專業的實踐教學體系，使該體系在全面提升經濟管理類專業學生的信息處理能力、決策支持能力和協同創新能力方面發揮更大的作用，同時更好地支持學校正實施的「以知識、能力、素質三位一體為人才培養目標，以創新創業教育改革為抓手，以全面教育教學信息化為支撐」的本科教學模式改革。各位參編人員廣泛調研、認真研討、嚴謹治學、勤勤懇懇，為該系列實驗教材的出版付出了辛勤的努力，西南財經大學出版社為本系列實驗教材的出版給予了鼎力支持，本系列實驗教材的編寫和出版獲得了重慶市高校教學改革重點項目「面向信息行業的創新創業模擬實驗區建設研究與實踐（編號132004）」的資助，在此一併致謝！但是，由於本系列實驗教材的編寫和出版是對虛擬化經濟管理類專業實踐教學模式的探索，經濟管理類專業的實踐教學內涵本身還在不斷地豐富和發展，加之出版時間倉促，編寫團隊的認知和水平有限，本系列實驗教材難免存在一些不足，懇請同行和讀者批評指正！

林金朝

目 錄

1 概述 / 1
   1.1 實驗總體說明 / 1
   1.2 主要術語解讀 / 2
   1.3 實驗環境 / 3
   1.4 實驗報告要求 / 5

2 實驗平臺功能說明 / 6
   2.1 CRM 系統 / 6
   2.2 經營分析系統 / 9

3 CRM 營業受理實驗 / 12
   3.1 實驗1 開戶入網 / 12
   3.2 實驗2 資料維護 / 41
   3.3 實驗3 停開機處理 / 62
   3.4 實驗4 資源變更 / 75
   3.5 實驗5 綜合變更 / 80
   3.6 實驗6 密碼維護 / 110
   3.7 實驗7 銷戶離網 / 115
   3.8 實驗8 活動管理 / 123

4 CRM 帳務處理實驗 / 140
   4.1 實驗1 存款繳費 / 140
   4.2 實驗2 帳單發票打印 / 154

5　經營分析實驗　　/ 159

　　5.1　實驗 1　經營分析指標　　/ 159

　　5.2　實驗 2　統計報表　　/ 165

參考文獻　　/ 173

1 概述

1.1 實驗總體說明

隨著 4G 牌照的發放，電信市場競爭日益加劇，各大運營商為了提高競爭力，除了加強基礎網路的建設之外，最重要的是為客戶提供更好的更全面的個性化服務和提高對市場的把控能力，而客戶關係管理系統和經營分析系統則起到了關鍵性的作用。所以各大運營商都加大對客戶關係管理系統和經營分析系統的建設力度，幫助運營商提高競爭能力。重慶郵電大學作為有郵電背景的，以信息通信為特色學科的高等院校，學生畢業後有很大的比例要到運營商就業，所以很有必要掌握運營商最新最前端的客戶關係管理系統和經驗分析系統的系統架構、實現原理和主要功能，為其職業生涯打下良好的基礎。

通信運營商 CRM 和經營分析系統實訓以運營商真實的客戶關係管理系統和經營分析系統為實驗平臺，教師來構建模擬的實驗場景，讓學生在真實的系統上完成相應的操作，完成相應的任務，讓學生在真實的環境中體驗客戶關係管理系統和經驗分析系統的使用，從而使學生更直觀地瞭解運營商的業務運營管理過程、客戶關係管理過程和市場經營分析過程，以便畢業後進入運營商工作的學生更容易適應其工作崗位。

通信運營商 CRM 和經營分析系統實訓項目適應多專業的仿真性、創新性實踐型教學項目，緊密整合信息管理與信息系統、電子商務、市場營銷、工商管理、會計學、經濟學、工程管理等專業培養計劃，以培養學生應用能力、決策判斷能力、創新能力為核心，實現人才培養由知識教育向能力教育、素質教育的全面轉變，並努力實現本科學生培養與就業市場需求的無縫銜接。

本教材由武建軍、張洪和陳奇志三位教師參與編寫。武建軍負責確定教材整體大綱、教材的整體審核，並編寫了第一章、第二章、第三章的 1~6 小節；張洪負責編寫了第三章的 7~8 小節和第四章；陳奇志負責編寫了第五章。

1.1.1 主要實驗項目

本實驗包括客戶關係管理系統和經營分析系統的操作實踐過程，客戶關係管理包括營業系統和帳務系統，經營分析系統主要包括對 KPI 指標的分析和報表分析。主要實驗項目包括：

一、CRM 營業子系統實驗任務

實驗 1　開戶入網

實驗 2　資料維護

實驗 3　停開機處理

實驗 4　資源變更

實驗 5　綜合變更

實驗 6　密碼維護

實驗 7　銷戶離網

實驗 8　活動管理

二、CRM 帳務子系統實驗任務

實驗 1　存款繳費

實驗 2　帳單發票打印

三、經營分析系統

實驗 1　經營分析指標

實驗 2　統計報表

1.1.2　實驗教學目標

通過通信運營商 CRM 和經營分析系統實踐，可以達到以下實驗教學目標：

(1) 瞭解客戶關係管理的基本概念。

(2) 瞭解 CRM 系統的概念、主要功能。

(3) 理解運營商客戶關係管理的三戶模型。

(4) 理解運營商以客戶為中心的服務理念。

(5) 掌握開戶入網、資料維護、停開機、資源變更、綜合變更、密碼維護等客戶關係管理的主要操作流程。

(6) 瞭解經營分析系統的概念、主要功能。

(7) 瞭解經營分析的指標體系，能進行市場經營分析。

(8) 瞭解經營分析的主要報表的含義和應用。

1.2　主要術語解讀

- BSS（Business Support System）：業務支撐系統。BSS 系統主要面向企業提供業務經營和客戶服務的支持。
- CRM（Customer Relationship Management）：客戶關係管理系統。客戶關係管理系統遵循以客戶為中心的服務理念，為客戶搭建統一的交流服務平臺，從而達到保留有價值客戶、挖掘潛在客戶、贏得客戶忠誠，並最終提高客戶終身價值的目的。
  - 三戶：客戶、帳戶、用戶。
  - 客戶：客戶是一個社會化的概念，指一個自然人或一個法人。
  - 帳戶：客戶在運營商存放資金的實體，目的是為選擇的產品付費。

- 用戶：用戶是客戶使用運營商開發的一個產品以及基於該產品之上的增值業務時，產生的一個實體。
- 衝正：對錯誤的帳務進行改正，相當於交易回滾。
- 開戶：單位或個人跟電信運營商建立新的業務關係的過程。
- 過戶：用戶由於實際使用人或帳戶關係發生變化，在營業系統上進行客戶或帳戶變更的操作。
- 返檔：三戶資料的補全。
- 主產品：運營商把語音、數據流量、短信等業務打包，標定價格供用戶訂購的套餐。
- 子產品：運營商把某種業務打包並標定價格，供用戶選購。
- 活動：運營商為了開拓市場推出的市場優惠活動，如充話費送油等。
- 特服：運營商提供的基本服務，用戶必須開通特服才能使用該功能，比如短消息、呼叫等待等。
- ETL（Extraction Transformation Loading）：抽取、轉換、裝載的過程。本教材中指從運營商各業務生產系統中提取經營信息，構建數據倉庫的過程。
- ODS（Operational Data Store）：操作數據存儲的簡稱，用於支持企業日常、全局應用的數據集合。保存在 ODS 中的數據具有四個基本特點：面向主題的、集成的、可變的、數據是當前的或接近當前的。ODS 數據存儲支持文件和數據庫表兩種形式。
- IOM（Integration Order Management）：集成訂單管理系統。
- KPI（Key Performance Index）：關鍵績效指標。
- ARPU（Average Revenue Per User）：客戶入網以來的月平均通信費用。
- MOU（Minutes Of Usage）：客戶入網以來的月平均通話時長。

1.3 實驗環境

（1）重慶郵電大學電信 BOSS 系統（見圖 1-1）

重慶郵電大學電信 BOSS 系統主要包括營業子系統和帳務子系統，在該系統上可以完成客戶管理的主要操作過程。
- 網址：http://172.22.4.80:7501/unibss/sys/Login_index_init.asp
- 用戶名：test1~test100
- 密碼：123

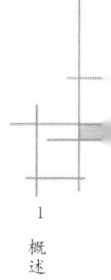

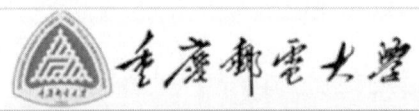

圖 1-1　重慶郵電大學電信 BOSS 系統

（2）重慶郵電大學電信經分系統（見圖 1-2）

　　重慶郵電大學電信經分系統以各業務系統作為數據來源，經過 ETL 過程形成統一的數據倉庫，並在此基礎上實現了經營分析指標的分析和各種報表的展示，在該系統上可以完成經營分析操作過程。

- 網址：http://172.22.4.80/login.jsp
- 用戶名：admin
- 密碼：123

圖 1-2　重慶郵電大學電信經分系統

1.4 實驗報告要求

在每次實驗做完后需要按照以下要求填寫實驗報告，后文不再贅述。

班級		專業	
學號		姓名	
實驗名稱			
實驗目的			
實驗內容及操作步驟			
心得體會總結			

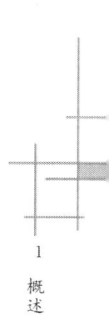

2 實驗平臺功能說明

2.1 CRM 系統

CRM 指的是企業通過富有意義的交流溝通，理解並影響客戶行為，最終實現提高客戶獲得、客戶保留、客戶忠誠和客戶創利的目的。CRM 是一個將客戶信息轉化成積極的客戶關係的反覆循環過程，以客戶為中心，提高客戶滿意度，從而獲取客戶最大價值，並最終實現企業利潤的最大化，提高企業競爭力。

對於通信運營商而言，CRM 系統是 BSS 系統（業務支撐系統）其中的一個模塊，負責對外的業務操作。其主要是營業操作員或代理商面向客戶進行業務操作的平臺，完成對客戶的管理和服務。CRM 主要包括業務受理、查詢統計、帳務處理、資料維護、訂單管理五大模塊的功能（見圖 2-1）。

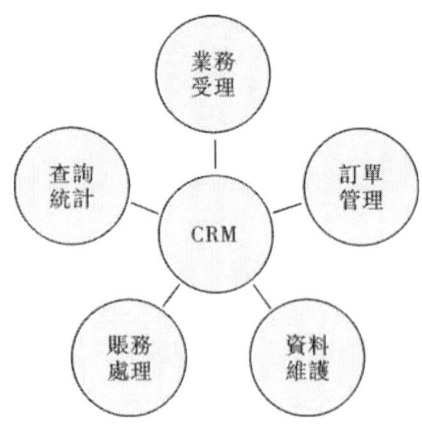

圖 2-1　CRM 功能模塊

2.1.1 業務受理

業務受理是營業子系統中最重要的功能模塊，主要包括個人業務、集團業務、融合業務和批量業務的營業受理過程（見圖 2-2）。

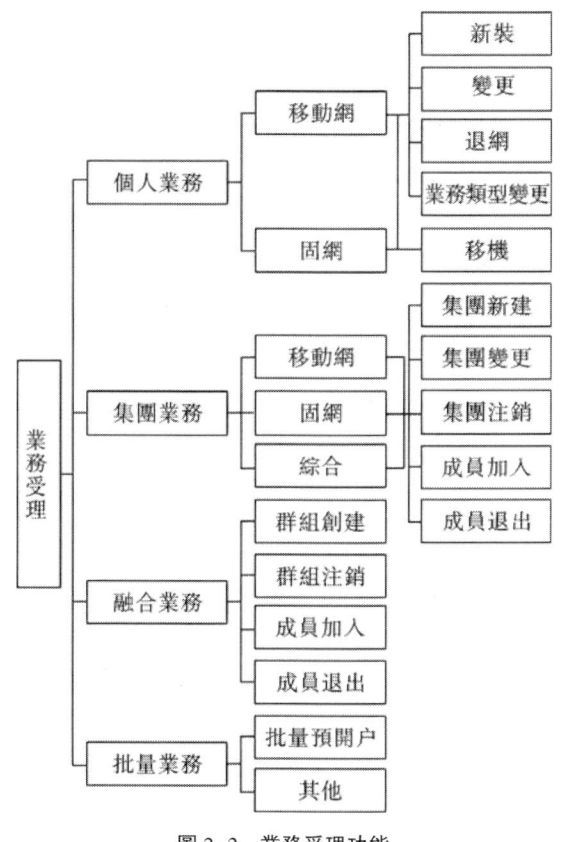

圖 2-2　業務受理功能

2.1.2　資料維護

資料維護是營業子系統的重要功能模塊，主要實現對移動網和固網用戶的三戶資料的返檔、補齊、維護過程，以保證用戶資料的真實可用（見圖 2-3）。

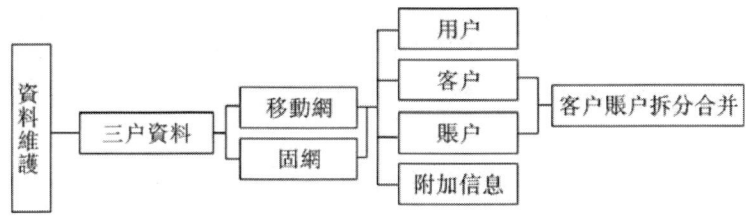

圖 2-3　資料維護功能

2.1.3　帳務

帳務處理是帳務子系統的主要功能，主要實現與前臺繳費退費有關的業務，包括話費的繳納、各種押金的繳費和退費，帳單和詳單的查詢和打印（見圖 2-4）。

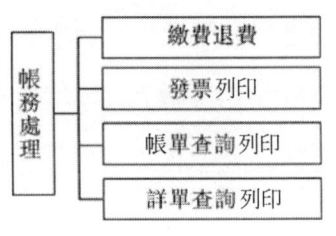

圖 2-4 帳務處理功能

2.1.4 訂單管理

訂單管理主要針對固網業務的外線施工過程，固網業務凡是新裝、產品變更、類型變更、用戶資料修改（涉及程控功能的，如速率）、特服變更、移機、停開機、銷戶等操作生成的訂單都需要流轉至 IOM 系統進行施工操作。

在訂單流轉過程中，CRM 和 IOM 不斷發生交互，訂單生成後，在 CRM 需要做訂單質檢，質檢通過後送 IOM 進行處理。

當 IOM 在處理訂單時有異常情況（如無資源、線路不到或聯繫不上用戶等），IOM 會將訂單退回至 CRM，根據異常回單的類型，分別退回至 CRM 的退單、客戶聯繫菜單下。其中退單可以直接轉移到客戶聯繫。同時這兩個菜單下訂單可以通過無異常轉出，重新送 IOM。

客戶聯繫單和待緩裝單可以相互轉換。待緩裝單可以人工轉出，送給 IOM 繼續施工流程。當 IOM 正常施工，CRM 側可通過追單操作，通知 IOM，需要將訂單送回 CRM。IOM 接收到追單請求后，將訂單送還 CRM。追單可以轉移至客戶聯繫。

退單、追單、客戶聯繫都可以直接操作撤單，發起撤單流程。IOM 正常流程和撤單流程報竣的，都將結果返回 CRM。CRM 同步 IOM 狀態（見圖 2-5）。

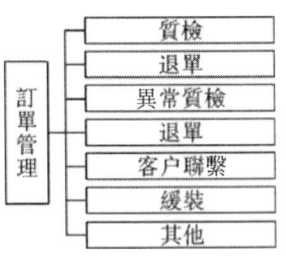

圖 2-5 訂單管理功能

2.1.5 查詢統計

查詢統計是指主要針對前臺營業人員的各種業務查詢和製作統計報表。查詢的內容包括訂單、用戶資料、未完工單、免填單、黑名單、各種資源、話費餘額、集團業務資料以及其他信息；報表功能可用於生成營業日報表、月報表、年報表等（見圖 2-6）。

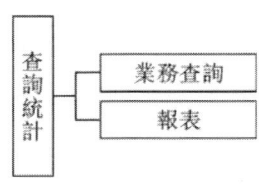

圖 2-6　統計查詢功能

2.2　經營分析系統

經營分析系統是以業務運營支撐系統中其他系統的數據為基礎，構建統一的企業級數據倉庫。利用先進的聯機分析處理（Online Analytical Processing, OLAP）技術和數據挖掘技術，幫助企業的經營決策層瞭解企業經營的現狀，發現企業運營的優勢和劣勢，預測未來趨勢；幫助細分市場和客戶，指導營銷、客服部門進行有針對性的營銷和高效的客戶關係管理；對決策的執行情況和結果進行客觀準確的評估，深受用戶的青睞。

經營分析系統不僅僅是對經營分析活動的信息化支撐，更重要的是對經營管理活動的信息化支撐，是經營管理信息化的具體實現。它具體實現了一個從數據到信息再到知識的轉化過程，是一項較為完整的從技術到管理的活動。

2.2.1　經營分析系統應用功能框架（見圖 2-7）

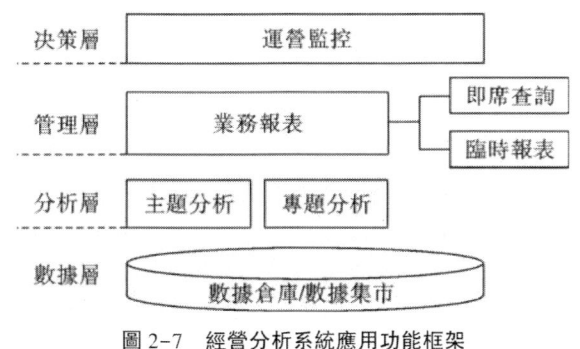

圖 2-7　經營分析系統應用功能框架

2.2.1.1　數據層

數據層通過採集 CRM 系統、結算系統、網管系統、客服系統等生產系統的操作型數據，對這些數據進行排重、編碼轉換、關聯、過濾、匯總、計算等 ETL 過程，形成面向主題的、集成的、非易失的且隨時間變化的數據集合，即數據倉庫/數據集市，用來支持管理人員的決策。

2.2.1.2　分析層

分析層面向市場分析人員，主要提供主題分析和專題分析功能。

主題分析主要通過 OLAP 技術實現。系統提供的主題分析主要包括六類：發展類、使用類、收入類、繳費類、服務類、結算類。

專題分析是綜合組織各生產系統、各部門經營數據，針對經營過程中的熱點問題，通過多種分析方法，加工形成專題報告，提供有助於解決這些熱點問題的專門信息。如：客戶細分和識別分析、客戶價值分析、客戶欺詐分析、客戶流失預警分析、集團客戶分析、資費套餐分析、成本分析、競爭對手分析和代理商分析等。

2.2.1.3 管理層

面向各級管理人員提供業務報表，業務報表指二維統計型靜態報表，可由二維靜態報表數據與多維立方體數據生成。經營分析系統提供的業務報表主要包括三類：總部上傳指標體系（KPI）、總部一、二類報表以及本地化業務報表。

另外，管理層還可以通過即席查詢和臨時報表功能進行數據的分析。

2.2.1.4 決策層

面向決策層提供運營監控信息，為決策層提供企業運營的關鍵性指標，為決策者提供決策支持。

2.2.2　經營分析系統的主要功能

經營分析系統沉澱、融合各個生產子系統的操作數據，形成經營信息，實現數據到信息的轉換，向省分公司和地市級分公司相關部門提供面向業務產品與面向客戶的營銷報表與經營統計分析信息；並在統一傳輸平臺上向總部提供標準的經營統計調查報表以及標準的報表數據。經營分析系統的主要功能有四個，即關鍵指標監控（KPI）、統計報表、綜合分析和高級數據挖掘。

2.2.2.1　關鍵指標監控

關鍵指標監控是對電信企業業務指標實時的監控和預警。KPI 借助表格和圖形方式直觀的展現使得管理者能以宏觀的角度及時瞭解現有用戶數量、業務收入以及和同期發展的比較，也能以微觀的角度瞭解某個地區、某類業務用戶的具體情況。管理者根據業務發展不同時期的情況，可以通過選擇或輸入的方式對關鍵指標的門限值進行相應設置，達到對業務發展實時監控的目的。

2.2.2.2　統計報表

統計報表功能指在統計週期之內，按市場部門的要求生成統計結果數據，進行匯總或分析處理，形成規定格式的報表圖形，並向相關部門提供有關的業務預測與經營分析資料。報表生成具有很高的靈活性，支持按指定時間段自動匯總、統計各級報表數據自動生成匯總報表，支持選擇各種統計元素。同時，提供報表模板，可以靈活選擇特定的模板，也可自定義所需要的模版。

2.2.2.3　綜合分析

綜合分析是基於 OLAP 的多維分析技術。綜合分析包括客戶分析、收益分析、業務量分析、新業務綜合分析等一些綜合性較強的分析。分析維度包括時間、地區、申請類型、用戶性質、用戶狀態、通話類型、受理方式等。綜合分析根據某個分析主題，選擇與主題相關的維度，進行多維度分析。綜合分析提供靈活多樣的展現方式，常用的展現方式有：固定（預定義）報表、圖表、即席查詢、多維動態分析等。

2.2.2.4　高級數據挖掘功能

高級數據挖掘時利用數據挖掘方法和技術，從大量的數據中尋找數據之間的關係模式。高級數據挖掘內容包括客戶價值分析、業務預測、消費層次變動分析、客戶流失分析、客戶細分等。與前面分析不同，數據挖掘分析不是一個單步驟的分析，而是一個迭代、螺旋式上升的流程。流程包括數據準備、數據建模、模型評價和解釋三個階段。當最后階段的模型評價解釋不能達到要求時，就重新回到第二階段即數據建模階段，甚至有時必須回到第一階段即數據準備。比如客戶流失分析，在數據準備階段，獲取與主題有關的所有數據，如客戶狀態變動、消費變動、市場競爭強度、投訴申告等數據和信息，然后預處理消除噪聲，導出與主題關係更強的變量。接著是數據建模階段，採用決策樹、神經網路學習等方法，分析客戶流失的主要特徵，建立客戶的流失模型，預測發現流失概率較大的客戶。第三階段是數據評價和解釋階段，對模型評分和解釋，如果達到要求，就保存模型並應用所得結果於市場行動。這類分析涉及的變量數目多，變量的關係複雜，需導出主題相關的變量，數據分佈缺少較強的規律性，因此分析的綜合性、難度和深度比前三種分析大得多，對分析人員要求很高。如果沒有對數據挖掘算法和業務的深入理解，分析的效果往往很難得到保證。

3 CRM 營業受理實驗

3.1 實驗 1 開戶入網

3.1.1 實驗目的

本實驗要求熟練掌握各種業務的開戶入網操作，包括移動業務、固網業務、數固業務和組合業務的預開戶、新裝、預開戶轉正等過程。開戶入網是客戶開展其他業務的開端，也是客戶與運營商發生實質關聯的過程。

3.1.2 準備知識

3.1.2.1 三戶模型

三戶模型即客戶、用戶和帳戶，來源於 ETOM 的模型。三戶模型在電信行業是建設運營支撐系統普遍運用的模型，三戶模型也是根據營銷模型轉向「以客戶為中心」理念而產生的結果，客戶的需求成為支撐系統信息模型不斷趨於完善的主要驅動力。與客戶這個實體概念關聯最為緊密的概念就是用戶和帳戶，這三者之間的關係應該是一個相互關聯但又是獨立的三個實體，這種關聯只是一個歸屬和映射的關係，而三個實體本身是相互獨立的，分別是體現完全不同的幾個域的信息。客戶體現了社會域的信息，用戶體現了業務域的信息，帳戶體現了資金域的信息。客戶、用戶、帳戶之間的關係如圖 3-1 所示。

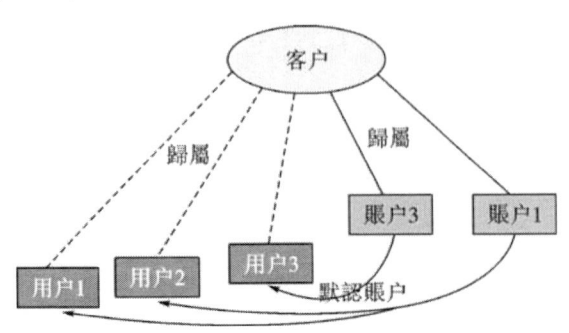

圖 3-1　客戶、用戶、帳戶之間的關係

3.1.2.1.1 客戶

客戶是一個社會化的概念，一個自然人或一個法人（任何社團、組織、機構等，具有社會關係比較緊密，並且有相似消費特徵的團體）就稱為一個客戶。法人客戶既可以是一個企業，也可以是與這個企業、集團相關的自然人客戶，可以稱為一個集團客戶組（群）。因此，實體的屬性應該是包含該實體所有的社會屬性的描述。自然人包括姓名、性別、年齡、職業、聯繫地址、聯繫電話、證件類型、證件號碼、電子郵件地址、工作單位、工作性質、職位等社會屬性。法人客戶的概念同樣成立，此實體包含了法人客戶的社會屬性，如法人機構名稱、證件類型、證件號碼、聯繫人、聯繫地址、聯繫電話、法人機構性質等。

3.1.2.1.2 用戶

用戶是客戶使用運營商開發的一個產品以及基於該產品之上的增值業務時，產生的一個實體。如果說一個客戶使用了多個產品，那麼一個客戶就會對應好幾個用戶（即產品）。從這個角度來看，用戶的屬性應當包含產品的屬性和特徵，產品的屬性包括產品提供的業務功能、產品的價格、產品的服務。就拿移動電話為例，包括了電話號碼、SIM卡號、資費、用戶的終端設備型號和機身串號以及開通的功能（省內長途、國際長途、國內長途、省內漫遊、國內漫遊、國際漫遊等）和特服（來電顯示、三方通話、呼叫轉移等）、開通渠道、開通時間、用戶狀態、最后一次狀態改變時間、增值業務的開通情況以及增值業務的資費情況等，還有就是運營商附加給用戶的屬性，例如用戶的級別（在所有此類用戶的等級）、用戶的帳單等。

產品，從客戶的角度來看，是客戶利用一種終端設備可以使用的一個業務功能包；從運營商的角度來看，是通過一套網路平臺或者設備為客戶提供基於該平臺的一個服務集合。

3.1.2.1.3 帳戶

帳戶的概念起源於金融業，是一個客戶在運營商存放資金的實體，目的是為選擇的產品付費。該實體包含帳戶的歸屬人，可以歸屬於一個個人，也可以歸屬於一個團體。帳戶還包含了資金餘額、聯繫人、聯繫電話、開戶日期、帳戶的狀態、催費金額、催費次數等。一個客戶可以擁有一個帳戶也可以擁有多個帳戶，帳戶上的資金可以為客戶本人的用戶付費，也可以為其他客戶的用戶付費，這種付費關係需要一個付費規則進行關聯。

用戶和帳戶的映射關係主要就是銷帳規則，該規則指明了帳戶為某個或者某幾個帳單，或者其中某一個帳單中幾個帳單項的付費關係。一個用戶在開戶時，必須要指定一個帳戶為其付費，如果沒有已有帳戶為其付費，則必須新建立一個帳戶。在指定帳戶的時候，如果一個帳單需要幾個帳戶付費，則要按照帳目指定帳戶。如果存在一個帳戶為多個用戶付費的情況，則客戶必須制定這種付費關係的優先級。

客戶和帳戶有一個歸屬的對應規則，該規則應當是一種歸屬關係，個人帳戶應該歸屬於個人客戶，集團帳戶應當歸屬於集團客戶。但這只是一種歸屬關係，而沒有付費關係，帳戶可以跨客戶為幾個用戶付費，也可以為單個用戶帳單的某

個帳目付費。

客戶和用戶存在一個歸屬對應規則,一個用戶開戶應當歸屬一個客戶,就和一個產品必須有使用人一樣。當一個集團客戶的帳戶從集團分離出來,必須重新建立客戶資料。但當一個客戶加入一個集團,就需要將其並入集團客戶的資料中。這種設計思想關注的是服務的對象的改變,服務的是人,而不是產品(用戶),體現出「以人為本」的服務理念。

3.1.2.2 新裝退網流程(見圖 3-2)

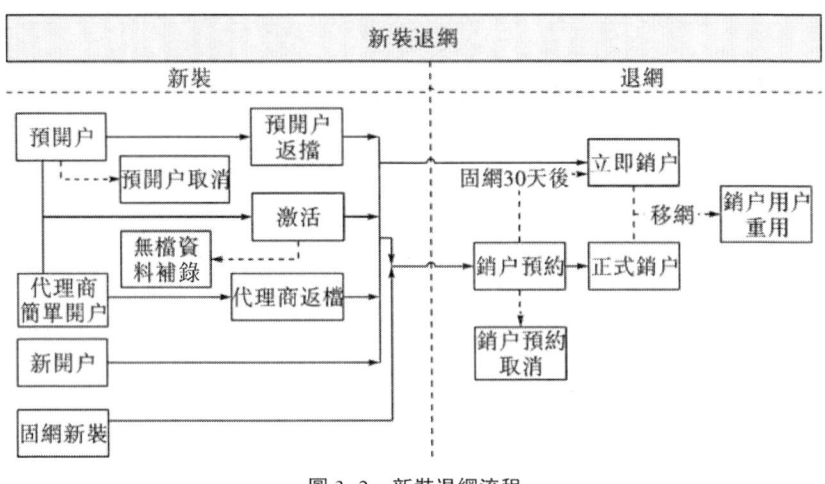

圖 3-2 新裝退網流程

3.1.2.2.1 新裝

用戶新裝主要包括四種方式:新開戶(三戶都新開或開戶時繼承老客戶及帳戶信息)、代理商普通開戶、預開戶和固網新裝。移動網開戶有 3 種方式:新開戶、代理商簡單開戶、預開戶。

預開戶和代理商簡單開戶都屬於移動業務預開戶,預開戶指定了號碼和 SIM 卡的對應關係,以及該號碼的主產品和子產品,如果參加了活動,還有活動信息。預開戶只生成用戶信息和帳戶信息,沒有客戶信息。根據預開戶方式不同,激活方式也不同,代理商簡單開戶需要代理商返檔進行激活(用戶狀態置成正式,更新帳戶信息,新開或繼承客戶)。當然兩種預開戶都可通過話單進行激活。激活后,用戶狀態變為正式,帳戶資料不變,仍未生成客戶。話單激活用戶可通過無檔資料補錄進行帳戶和客戶信息的完善。

新開戶是正常的移動用戶開戶過程,經過新開戶過程後,會生成客戶、用戶和帳戶信息,並進行激活,大概需要數分鐘用戶就可以使用。

固網通過固網新裝進行,固網新裝后生成新裝訂單,用戶狀態為預開戶。訂單經過訂單流程(訂單流程后文會單獨介紹)報竣後,用戶狀態變更為正式,用戶可以正常使用。

3.1.2.2.2 退網

退網是指用戶主動申請或欠費被動與運營商解除服務關係，退網後用戶不再享受運營商的服務，也不再需要繳納話費，具體規則如下：

- 固網用戶退網，通過銷戶預約進行操作。銷戶預約訂單會經過訂單流轉過程。固網無正式銷戶，預約銷戶 35 天後系統自動正式銷戶，將用戶檔案移至銷戶用戶檔案表中。
- 移網用戶退網，可通過立即銷戶進行操作，免填單提交後直接銷戶，可到銷戶用戶話費結算處直接退還帳戶中多餘費用，也可通過銷戶預約進行操作。銷戶預約可通過銷戶預約取消進行撤銷。預約銷戶後，90 天後可進行正式銷戶。正式銷戶後才可以在銷戶用戶話費結算中退費。
- 移網用戶欠費停機 3 個月，手工報停 6 個月後，系統自動發起立即銷戶操作（時間各省份不同）。
- 移網用戶銷戶後（正式銷戶/立即銷戶），在號碼未被重新占用前（預占或已正式開戶）前可通過銷戶用戶重啓該號碼。

3.1.2.3 開戶或新裝與三戶模型

新開戶和固網新裝：
生成新用戶，訂單竣工後狀態變更為正式用戶。
生成新客戶信息或繼承老客戶信息。
生成新帳戶信息或繼承老帳戶信息。
兩種預開戶返檔和無檔用戶返檔：
用戶狀態：正式開戶。
更新帳戶詳細信息。
生成新客戶信息或繼承老客戶信息。
話單激活：
更新用戶狀態：正式開戶。
帳戶信息不變。
未生成客戶。
兩種預開戶：
新開用戶，狀態為預開戶。
生成帳戶，無帳戶詳細信息。
未生成客戶。

3.1.3 實驗準備

移動電話號碼：生成可以用於開戶的移動電話號碼段。
固定電話號碼：生成可以用於開戶的固定電話號碼段。
SIM 卡號：與移動電話號碼對應的 SIM 號。
主產品和相應子產品。
活動目錄。

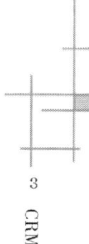

3.1.4 實驗內容及步驟

3.1.4.1 移動業務預開戶

3.1.4.1.1 實驗任務

本實驗擬完成對移動業務、無線商話業務進行預開戶操作。用戶預開戶後並不是上網狀態，用戶拆卡使用後方為上網狀態。

3.1.4.1.2 實驗說明

代理商簡單開戶和預開戶都屬於預開戶，預開戶用戶需要激活後才能正常使用。根據預開戶方式不同，激活方式也不同，代理商簡單開戶需要代理商返檔進行激活（用戶狀態設置成正式，更新帳戶信息，新開或繼承客戶）。當然兩種預開戶都可通過話單進行激活。激活後，用戶狀態變為正式，帳戶資料不變，仍未生成客戶。話單激活用戶可通過無檔資料補錄進行帳戶和客戶信息的完善。

3.1.4.1.3 操作步驟

（1）點擊「營業→開戶入網→移動業務預開戶」，選擇「服務類型」，輸入要預開戶的號碼和卡號（見圖3-3）。

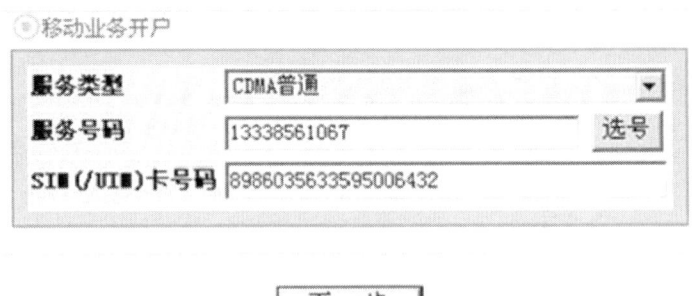

圖 3-3

（2）點擊「下一步」，顯示產品信息（見圖3-4）。

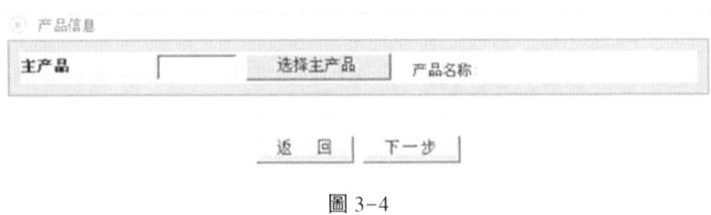

圖 3-4

（3）點擊「選擇主產品」按鈕，彈出「主產品選擇」對話框。在其中可以按照品牌來選擇主產品。界面同時提供查詢功能，可以按照「產品標示」和「產品名稱」來查詢，其中「產品名稱」支持模糊查詢。雙擊產品條目選擇產品（見圖3-5）。

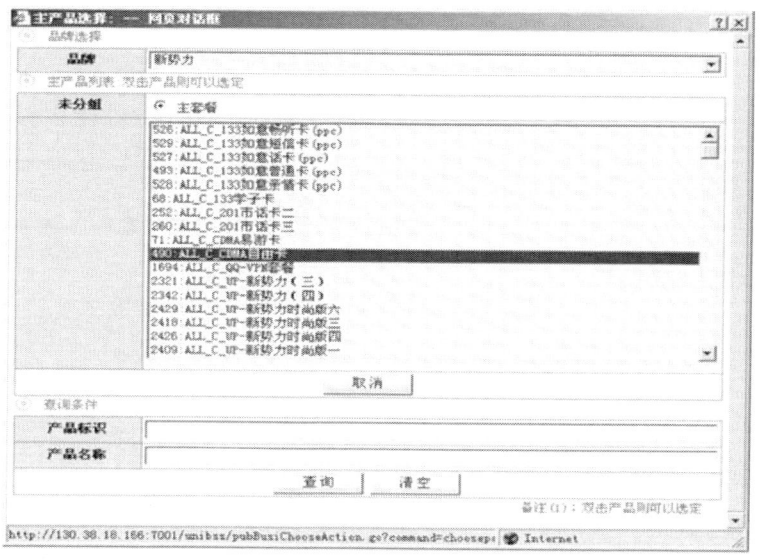

圖 3-5

（4）確定主產品之后，主產品編號和名稱顯示在產品信息欄中，點擊「下一步」（見圖 3-6）。

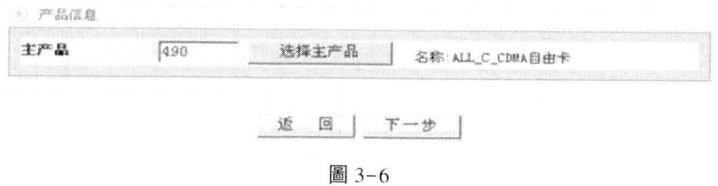

圖 3-6

（5）選擇子產品。在「子產品列表（可選）」列表欄中，按類型選擇子產品，雙擊子產品條目，選定的子產品會出現在「子產品列表（選定）」列表中。子產品選擇界面也提供了查詢功能，可以按照「子產品標示」和「子產品名稱」來查找，其中「子產品名稱」支持模糊查詢（見圖 3-7）。如果想要取消已經選定的子產品，可以點擊子產品選擇列表中的「現有」復選框。選定后，點擊「下一步」（見圖 3-8）。

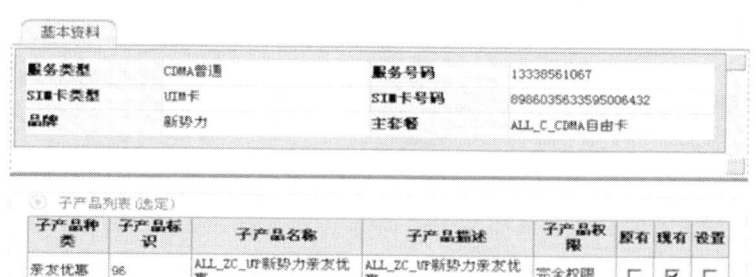

圖 3-7

圖 3-8

（6）如果用戶需要參加活動，則進行活動選擇（見圖 3-9）；如果不需要參加活動，則轉到步驟 11。

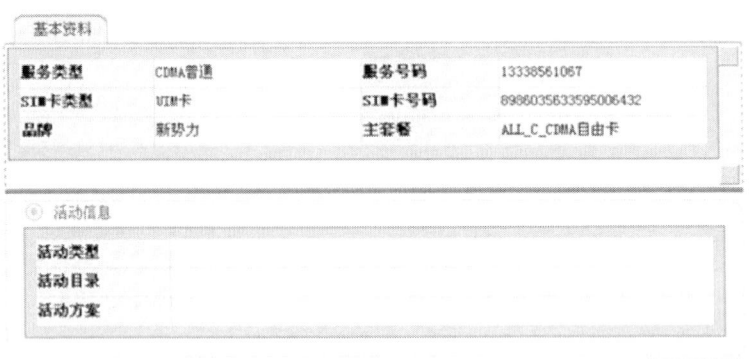

圖 3-9

（7）點擊「活動選擇」按鈕，彈出「活動受理」窗口。選擇用戶想要參加的活動類型，點擊「下一步」（見圖 3-10）。

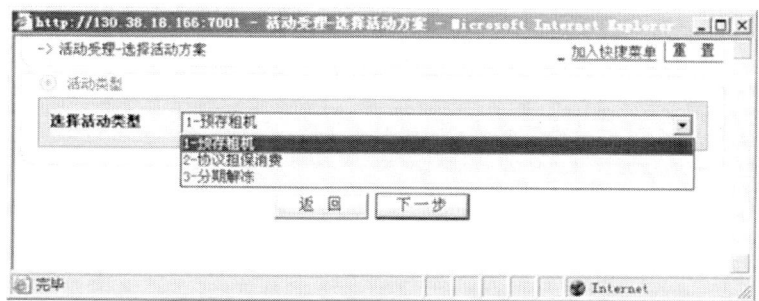

圖 3-10

（8）選擇活動，點擊「下一步」（見圖 3-11）。

圖 3-11

（9）確認活動方案，點擊「選擇」單選鈕（見圖 3-12）。

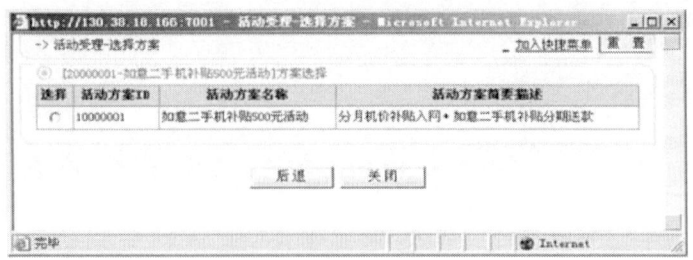

圖 3-12

（10）活動信息選擇完畢，有手機設備的，輸入手機序列號（見圖 3-13）。

圖 3-13

（11）設定特服功能，其中紅色表示操作員沒有權限，藍色表示用戶當前值，綠色表示默認值。特服功能可以單獨設定生效的帳期，可以選擇立即生效或者下帳期生效（見圖 3-14）。

圖 3-14

（12）如果設定了個性化相關的產品，如親友優惠、業務區等，需要對個性化信息進行設置（見圖3-15）。

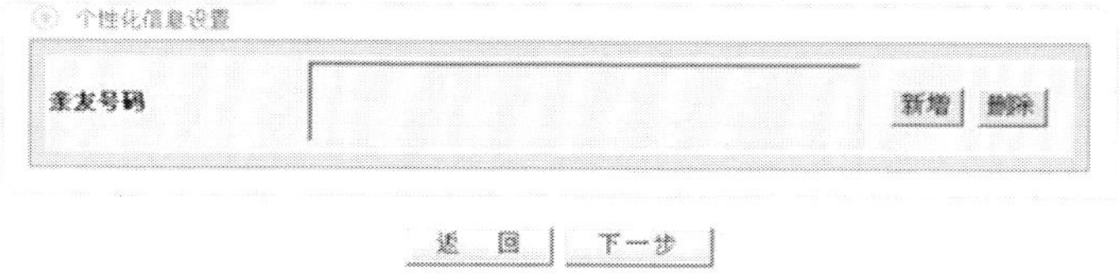

圖 3-15

（13）輸入用戶資料（見圖3-16）。

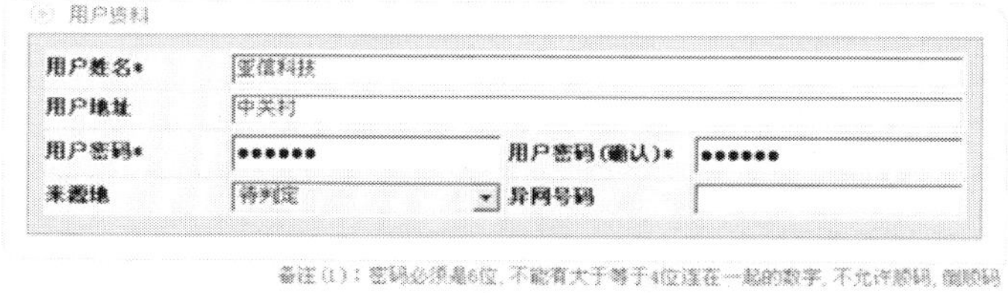

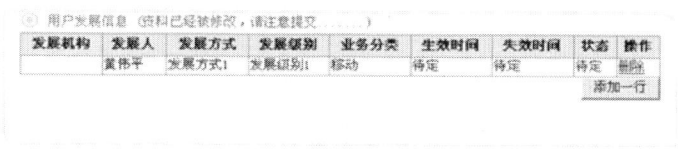

圖 3-16

（14）填寫「用戶發展信息」（見圖3-17）。

圖 3-17

（15）確認收費清單。主要是收取卡費，卡費的付費方式可以選擇現金、支票和信用卡。在收費界面中同時支持繳預存功能：輸入付費金額，如500元，點擊「轉預存」單選鈕，系統將減掉卡費100元之後，剩餘的400元作為預存款存到用戶的帳戶中。

圖 3-18

(16) 點擊「確定」按鈕，確認繳費（見圖3-19）。

圖3-19

(17) 打印工單（見圖3-20）。

圖3-20

（18）提交成功，打印發票（見圖 3-21）。

收银票据打印[受理单编号:200612000039977, 流水号:10061221000165456]

科目名称	应收费用(元)	减免值(元)	实收费用(元)
VIP卡费(非开户)	100.00	0.00	100.00
总计:			100.00(元)

打印发票

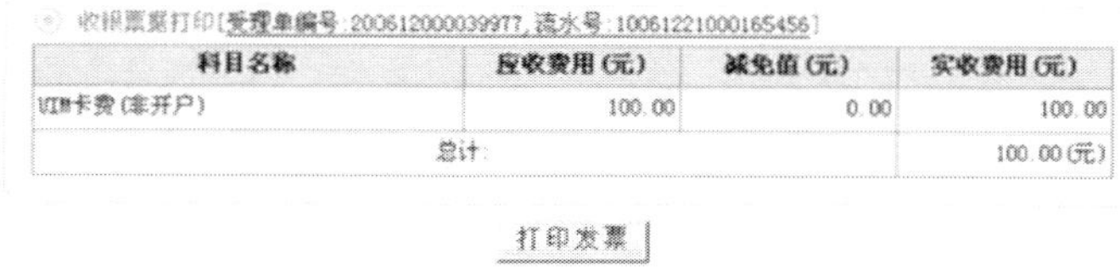

圖 3-21

3.1.4.1.4　注意事項

注意開戶同入網的區別：

- 開戶前不需建立客帳戶資料和帳本等信息。入網前必須先建立客帳戶資料和帳本信息。
- 開戶后用戶的使用狀態為開戶狀態；入網后的用戶狀態為入網狀態。

3.1.4.2　預開戶轉正

3.1.4.2.1　實驗任務

本實驗擬完成移動業務預開戶用戶轉入網的操作。

3.1.4.2.2　實驗說明

- 前置條件：用戶號碼已預開戶。
- 前臺選擇計費的「開始計費時間」。
- 轉正后，用戶狀態由原先的「預開戶」變為「正式開戶」。

3.1.4.2.3　操作步驟

（1）點擊「營業→開戶入網→預開戶轉正」，輸入服務號碼（見圖 3-22）。

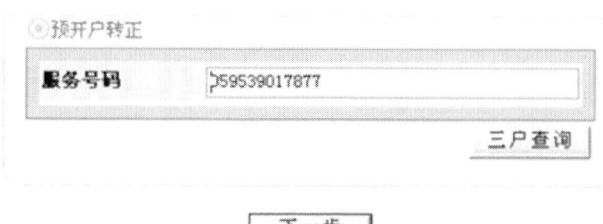

圖 3-22

（2）點擊「下一步」按鈕，系統帶出用戶資料供核實，選擇轉正時間，確認即可（見圖 3-23）。

圖 3-23

（3）打印免填單（見圖 3-24）。

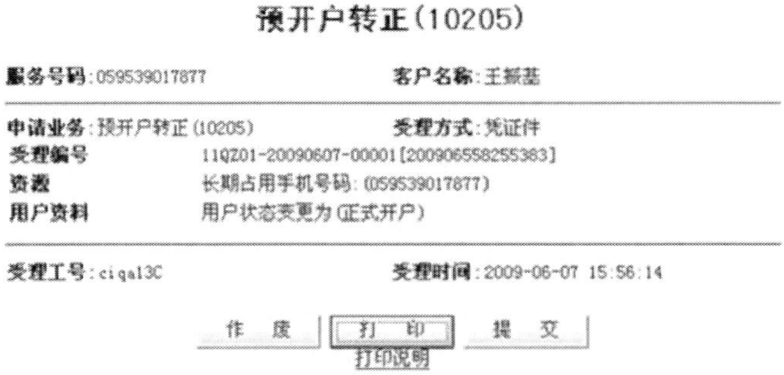

圖 3-24

（4）成功受理（見圖 3-25）。

圖 3-25

3.1.4.3　移動業務新裝

3.1.4.3.1　實驗任務

本實驗擬完成對移動業務、無線公商話業務進行開戶入網操作。建立客戶資

料、帳戶資料、用戶資料（包含：產品、特服、數固資源等其他訂購信息），在系統中形成可用的客戶信息、帳戶信息和用戶信息。

3.1.4.3.2 實驗說明

新開戶是正常的移動用戶開戶過程，新開戶后，會生成客戶、用戶和帳戶信息，並進行激活，大概需要數分鐘，用戶就可以使用新戶。入網成功即可上網使用了，不管當月用戶實際是否撥打電話，如有些包月費等帳務費用都會按月收取（這也是和預開戶用戶的區別之一）。

用戶在辦理移動業務新裝時必須且只能選擇一種主產品，可以選擇一種或多種子產品，也可以選擇一種或多種活動，還可以選擇開通哪些特服。

3.1.4.3.3 操作步驟

（1）點擊「營業→開戶入網→移動業務新裝」，選擇「服務類型」，輸入號碼和卡號碼，點擊「下一步」（見圖 3-26）。

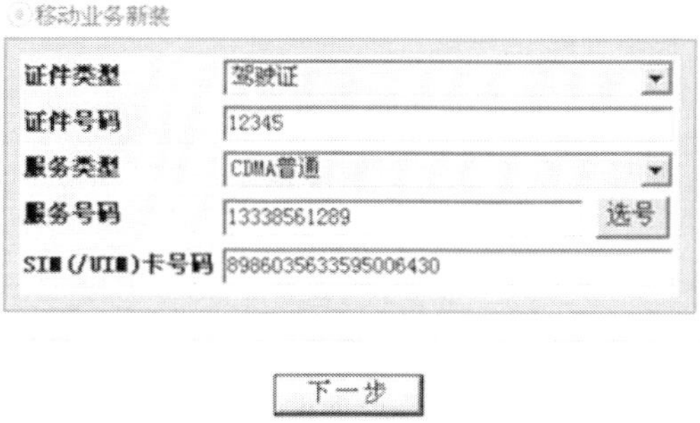

圖 3-26

（2）選擇主產品，選擇方式同「移動業務預開戶」流程（見圖 3-27）。

圖 3-27

（3）輸入客戶、帳戶資料。默認情況下，帳戶名稱與客戶名稱相同。

如果輸入的證件對應的客戶帳戶資料已經存在，系統會自動讀出來顯示在客戶帳戶資料中。

如果不存在，在該界面中輸入，系統會自動新增客戶、帳戶資料。輸入完畢，點擊「下一步」按鈕（見圖 3-28、圖 3-29）。

圖 3-28

圖 3-29

（4）選擇子產品。選擇方式同「移動業務預開戶」流程。

（5）如果用戶需要參加聯通公司推出的活動，則進行活動選擇；選擇方式同「移動業務預開戶」流程。如果不需要參加活動，則轉到步驟 11。

（6）設定特服功能，選擇方式同「移動業務預開戶」流程。

（7）如果設定了個性化相關的產品，如親友優惠、業務區等，需要對個性化信息進行設置（見圖 3-30）。

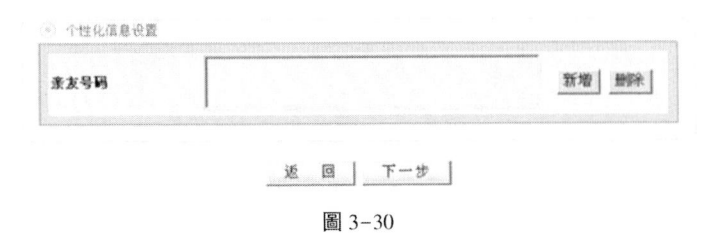

圖 3-30

（8）輸入用戶資料（見圖 3-31）。

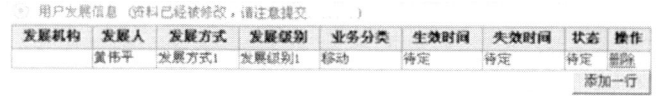

圖 3-31

（9）填寫用戶發展信息（見圖 3-32）。

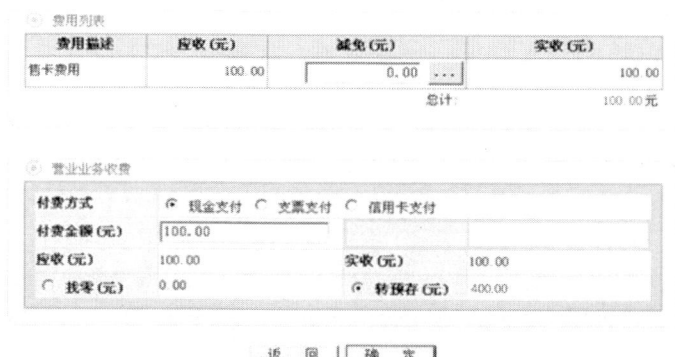

圖 3-32

（10）確認收費清單。主要是收取卡費，卡費的付費方式可以選擇現金、支票和信用卡。在收費界面中同時支持繳預存功能：輸入付費金額，如 500 元，點擊「轉預存」單選鈕，系統將減掉卡費 100 元之后，剩餘的 400 元作為預存款存到用戶的帳戶中。

圖 3-33

（11）點擊「確定」按鈕，確認繳費（見圖 3-34）。

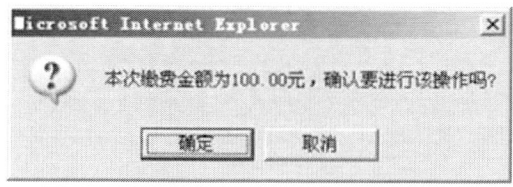

圖 3-34

(12) 打印工單（見圖3-35）。

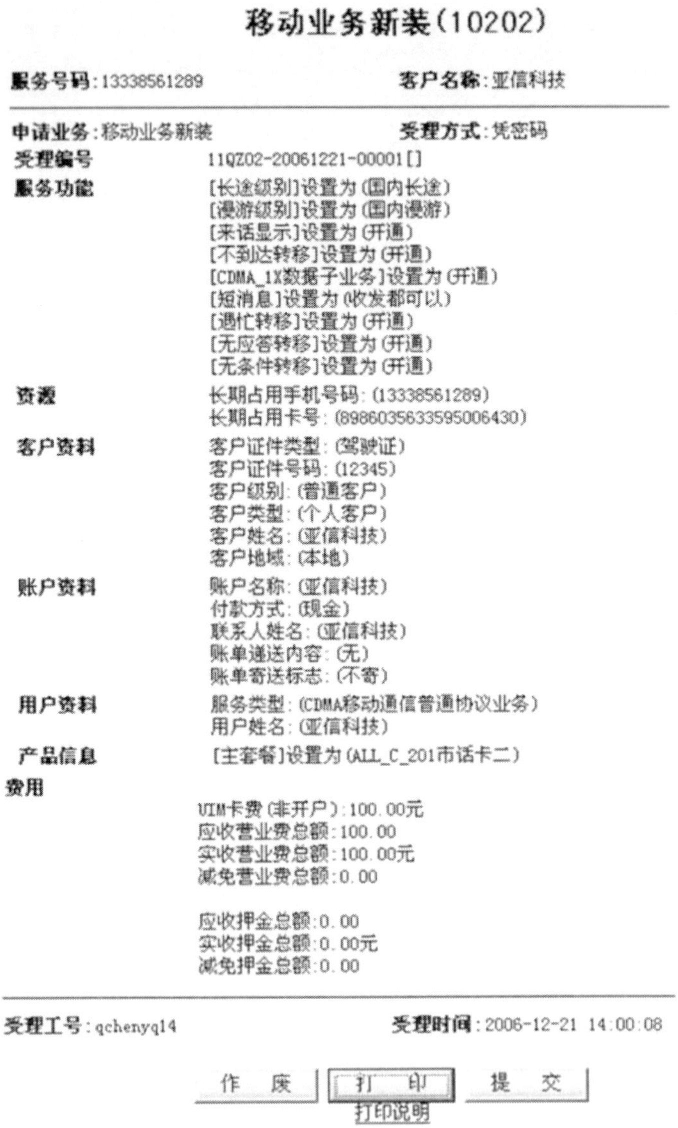

移动业务新装（10202）

服务号码：13338561289　　　　客户名称：亚信科技

申请业务：移动业务新装　　　　受理方式：凭密码

受理编号　　11QZ02-20061221-00001[]

服务功能　　[长途级别]设置为(国内长途)
　　　　　　[漫游级别]设置为(国内漫游)
　　　　　　[来话显示]设置为(开通)
　　　　　　[不到达转移]设置为(开通)
　　　　　　[CDMA_1X数据子业务]设置为(开通)
　　　　　　[短消息]设置为(收发都可以)
　　　　　　[遇忙转移]设置为(开通)
　　　　　　[无应答转移]设置为(开通)
　　　　　　[无条件转移]设置为(开通)

资源　　　　长期占用手机号码：(13338561289)
　　　　　　长期占用卡号：(8986035633595006430)

客户资料　　客户证件类型：(驾驶证)
　　　　　　客户证件号码：(12345)
　　　　　　客户级别：(普通客户)
　　　　　　客户类型：(个人客户)
　　　　　　客户姓名：(亚信科技)
　　　　　　客户地域：(本地)

账户资料　　账户名称：(亚信科技)
　　　　　　付款方式：(现金)
　　　　　　联系人姓名：(亚信科技)
　　　　　　账单递送内容：(无)
　　　　　　账单寄送标志：(不寄)

用户资料　　服务类型：(CDMA移动通信普通协议业务)
　　　　　　用户姓名：(亚信科技)

产品信息　　[主套餐]设置为(ALL_C_201市话卡二)

费用　　　　UIM卡费(非开户)：100.00元
　　　　　　应收营业费总额：100.00
　　　　　　实收营业费总额：100.00元
　　　　　　减免营业费总额：0.00

　　　　　　应收押金总额：0.00
　　　　　　实收押金总额：0.00元
　　　　　　减免押金总额：0.00

受理工号：qchenyq14　　　　受理时间：2006-12-21 14:00:08

[作废]　[打印]　[提交]
　　　　打印说明

圖3-35

(13) 提交成功，打印發票（見圖3-36）。

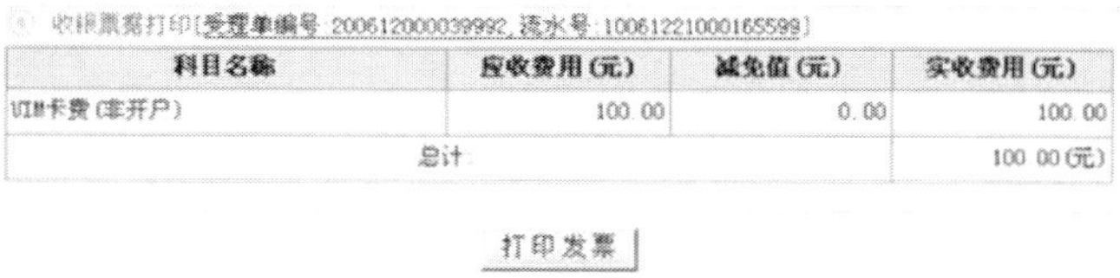
收银票据打印[受理单编号:200612000039992,流水号:10061221000165599]

科目名称	应收费用(元)	减免值(元)	实收费用(元)
UIM卡费(非开户)	100.00	0.00	100.00
总计:			100.00(元)

圖 3-36

3.1.4.3.4　注意事項

在新裝的同時，可以完成客戶帳戶資料的新建或繼承老的客戶帳戶資料。

3.1.4.4　數固業務新裝

3.1.4.4.1　實驗任務

本實驗擬完成各數固業務的新裝操作。建立客戶資料、帳戶資料、用戶資料（包含產品、特服、數固資源等其他訂購信息），在系統中形成可用的客戶信息、帳戶信息、用戶信息。

3.1.4.4.2　實驗說明

支持業務：數固各業務（見表 3-1）。

表 3-1

數固業務	新界面服務類型
165 上網業務	企業寬帶、165 專線
租線業務	SDH 租線、ATM 租線、DDN 租線、網元及設備出租
語音專線后付費	語音專線（企業） 語音專線（小區） 語音專線（IP 超市） 語音專線（公司內線）
語音專線預付費	預付費語音專線 預付費語音專線（IP 超市）
語音中繼業務	語音中繼
註冊業務	IP 註冊業務（后付費） IP 註冊業務（預付費） 193 註冊業務

3.1.4.4.3　操作步驟

（1）點擊「營業→開戶入網→數固業務新裝」，選擇證件類型，輸入證件號碼，選擇服務類型，輸入服務號碼（見圖 3-37）。

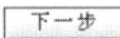

圖 3-37

注意：首先選擇服務類型。對於「165上網業務」和「租線業務」不必輸入號碼，系統會根據規則自動生成服務號碼。

（2）選擇主套餐，建立客帳戶資料，若該證件在系統中已有客帳戶資料，則系統自動帶出資料清單列表供選擇（見圖3-38、圖3-39、圖3-40）。

圖 3-38

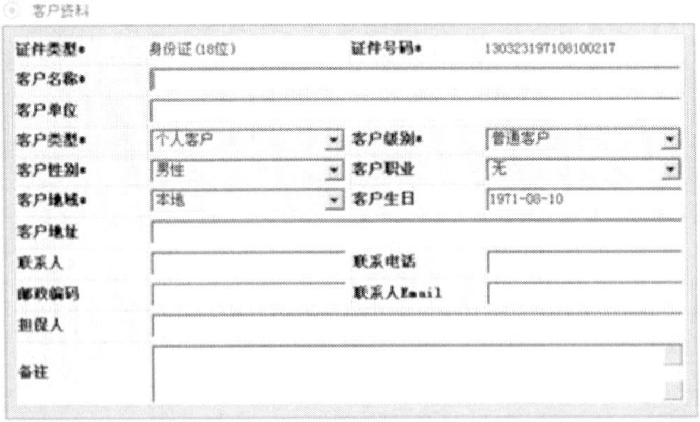

圖 3-39

圖 3-40

（3）點擊主產品彈出對話框（見圖 3-41）。

圖 3-41

（4）選擇子產品（見圖 3-42）。

圖 3-42

（5）選擇特服，如果前面已選擇客戶化優惠，則還需輸入優惠值（見圖 3-43）。

圖 3-43

（6）輸入用戶資料，確認收費（見圖 3-44、圖 3-45、圖 3-46）。

圖 3-44

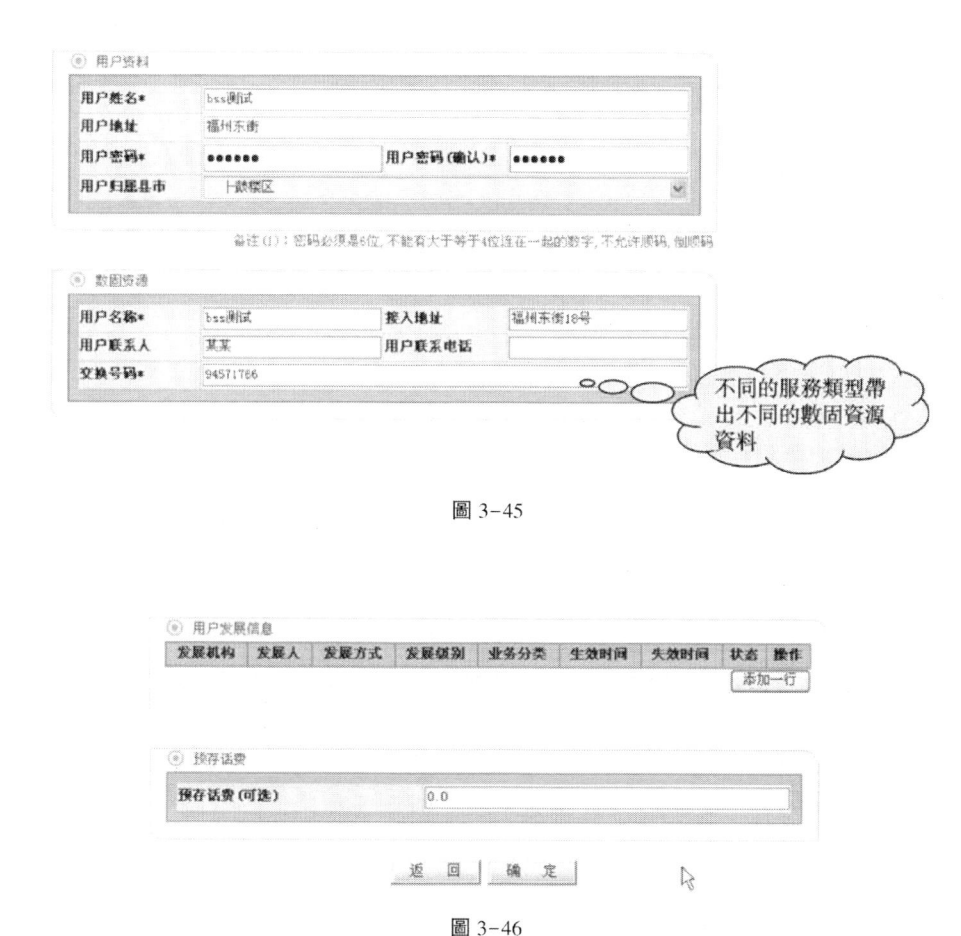

圖 3-45

圖 3-46

（7）打印免填單（見圖 3-47）。

数固业务新装（10204）

服务号码：13030945717　　　　客户名称：bss测试
申请业务：数固业务新装　　　　受理方式：凭证件
受理编号：143640-20070115-00002[200701000895857]
客户资料　　客户证件类型：(数固客户编码)
　　　　　　客户证件号码：(A04002)
　　　　　　客户级别：(普通客户)
　　　　　　客户类型：(个人客户)
　　　　　　客户姓名：(bss测试)
　　　　　　客户地域：(本地)
账户资料　　账户名称：(bss测试)
　　　　　　付款方式：(现金)
用户资料　　服务类型：(语音专线(IP超市))
　　　　　　用户姓名：(bss测试)
　　　　　　新增语音数据业务定购附加信息(服务类型:8004)
　　　　　　用户名称：bss测试
　　　　　　接入地址：福州东街18号
　　　　　　用户联系人：某某
　　　　　　用户联系电话：
　　　　　　交换号码：94571766
产品信息　　[数据业务所有长途（包括国内、港澳台、国际）折扣优惠类]设置为
　　　　　　[ALL_ZSI_长途分档优惠（语音专线和IP注册后付费业务适用）]套餐
　　　　　　参数：(0.9,0.9,0.4)
　　　　　　[数据业务主套餐]设置为(ALL_S_全省IP专线套餐二)
账户资料　　联系人姓名：(bss测试)
　　　　　　账单递送内容：(无)
　　　　　　账单寄送标志：(不寄)
用户资料　　用户地址：(福州东街)

受理工号：aiqa08A　　　　受理时间：2007-01-15 13:17:10

圖 3-47

（8）打印收據，發票（見圖 3-48）。

圖 3-48

3.1.4.5　數固業務預開戶

3.1.4.5.1　實驗任務

本實驗擬完成數固業務的預開戶操作，避免因無用戶資料造成話單無主，出無主帳單。

3.1.4.5.2　實驗說明

預開戶和新裝入網的區別：

- 用戶狀態不同。預開戶后用戶狀態為「預開戶」；新裝后用戶狀態為「正式開戶」。
- 開始計費時間不同。預開戶的開始計費時間待轉正后或首話單觸發后會改為轉正時間。開通后的預開戶號碼將首次通話的時間作為此用戶的開始計費時間，開始正式行計費、出帳，首次通話落地后系統自動對用戶轉入網；新裝用戶新裝竣工后馬上進行計費。

3.1.4.5.3　操作步驟

操作步驟和方法同「數固業務新裝」，這裡不再贅述。

3.1.4.6　無線固話新裝

3.1.4.6.1　實驗任務

(1) 實現同一界面下的完成產品框架下移動無線固話+無線固話的新裝。

(2) 建立或繼承客戶資料，新建帳戶資料，新建用戶資料（包含資源、產品、特服等其他訂購信息），在系統中形成可用的客戶信息、帳戶信息、用戶信息。

(3) 收取受理的各項費用（包括營業費用、帳務費用）；為用戶提供產品下各業務的使用。

3.1.4.6.2　實驗說明

新裝生成訂單后，移動無線固話為在網狀態，無線固話用戶為預開戶狀態，待施工完畢，回單后用戶資料才更改為正式開戶。

3.1.4.6.3　操作步驟

(1) 點擊「營業→開戶入網→無線固話新裝」，選擇證件類型，輸入證件號碼、服務號碼、SIM卡號（見圖3-49）。

圖 3-49

(2) 點擊「下一步」，如果該證件無對應客帳戶資料，系統直接跳轉到帳戶數量選擇界面，點「下一步」，錄入新的客戶、帳戶資料界面（見圖3-50、圖3-51、圖3-52）。若該證件在系統中已有客帳戶資料，則系統自動帶出資料清單

列表供選擇，點「下一步」。

圖 3-50

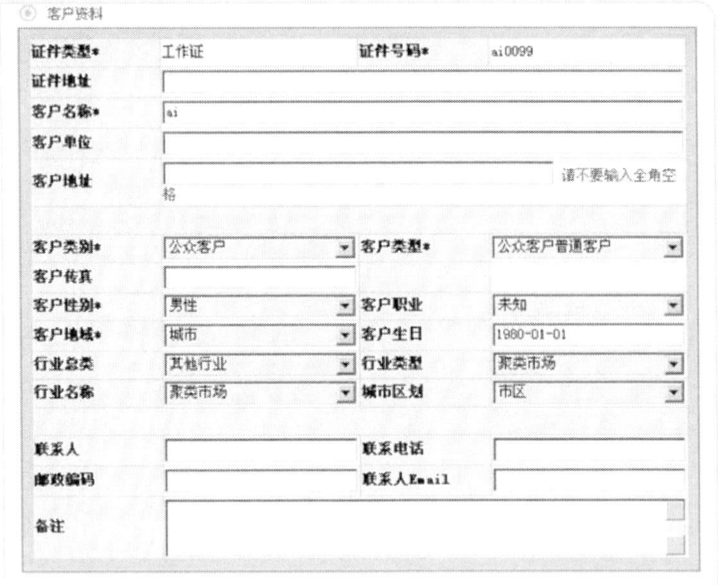

圖 3-51

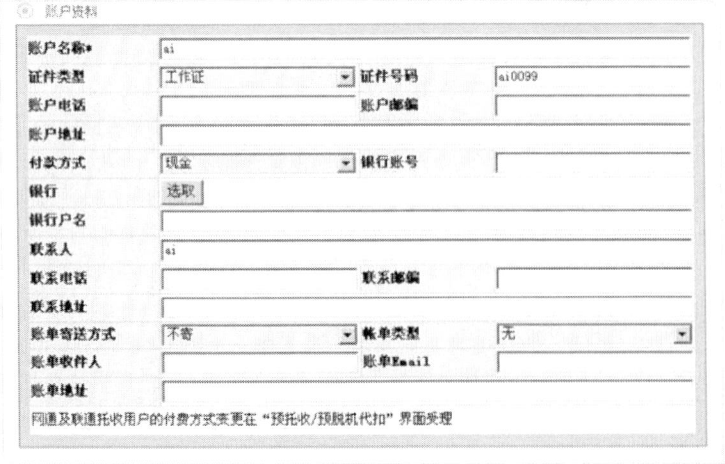

圖 3-52

（3）點擊「下一步」，各自新裝無線移動固話、無線固話，同組合業務新裝。選擇主產品（見圖3-53）。

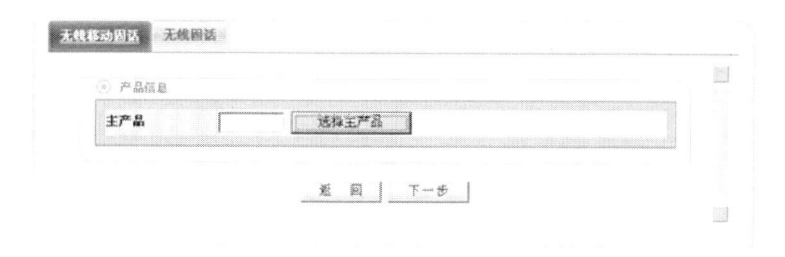

圖3-53

（4）無線移動固話TAB頁：選擇子產品（見圖3-54）。

圖3-54

（5）無線移動固話TAB頁：選擇特服（見圖3-55）。

註：對無線移動固話、無線固話，來顯（或炫鈴）要麼同時訂購，要麼都不訂購。在特服功能變更、特服來顯功能變更、綜合產品變更、特權產品變更中訂購或退訂，另外一個用戶會自動綁定訂購或退訂。

圖 3-55

（6）無線移動固話 TAB 頁：若有業務區，進行業務區選擇（見圖 3-56）。

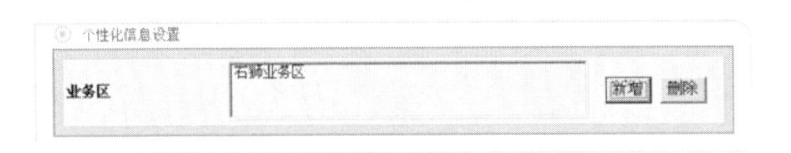

圖 3-56

（7）無線移動固話 TAB 頁：選擇活動，同活動受理一致（見圖 3-57）。

圖 3-57

（8）無線移動固話 TAB 頁：用戶資料輸入，收取費用（見圖 3-58、圖 3-59、圖 3-60、圖 3-61）。

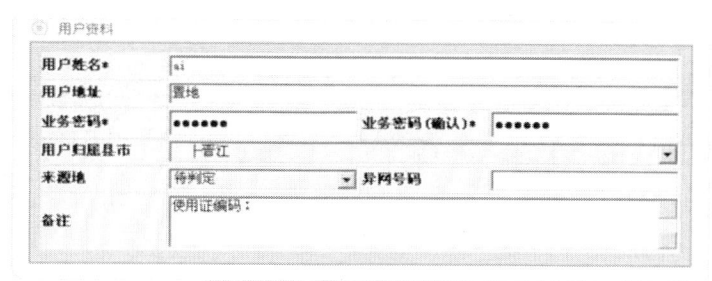

圖 3-58

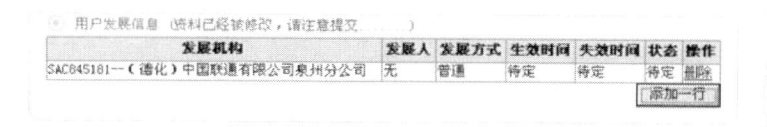

圖 3-59

圖 3-60

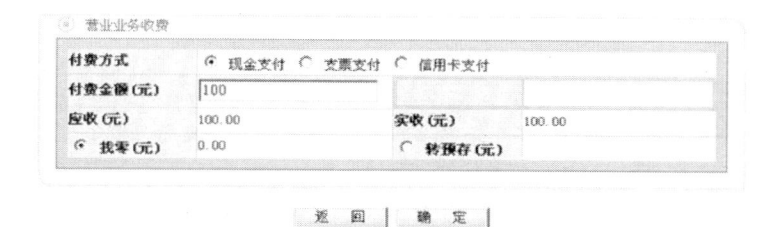

圖 3-61

（9）無線移動固話 TAB 頁：點確定（見圖 3-62）。

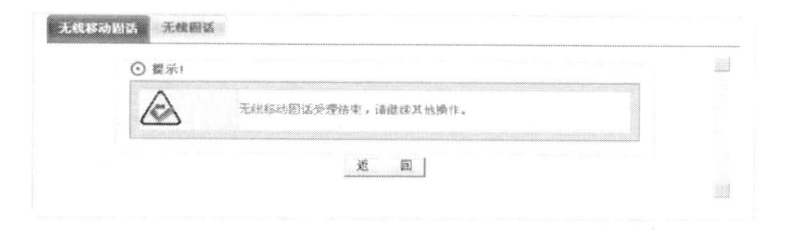

圖 3-62

（10）點紅色按鈕「提交」進行提交，打印免填單給用戶簽字確認（見圖3-63）。

圖 3-63

（11）打印發票和收據（見圖3-64）。

圖 3-64

3.2 實驗 2 資料維護

3.2.1 實驗目的

本實驗要求學生熟練掌握營業相關資料的維護過程。資料維護主要是對三戶資料的維護，包含資料新建、變更、合併。具體實驗內容包括客戶帳戶資料維護、代扣信息變更、代付關係變更、三戶附加信息變更、資料文檔管理、擔保信息維護、發展信息維護等過程。

3.2.2 準備知識

資料維護主要內容見圖 3-65。

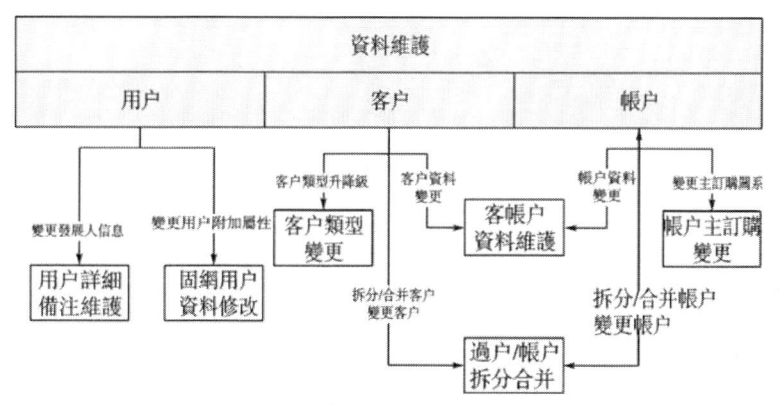

圖 3-65 資料維護主要內容

整合了客戶帳戶資料新建、客戶帳戶資料維護，實現了客戶帳戶資料新建、客戶帳戶資料修改、同客戶下帳戶新增功能。

3.2.3 實驗準備

需要先進行開戶入網操作，生成客戶帳戶及用戶信息后才能進行資料的維護過程。

3.2.4 實驗內容及步驟

3.2.4.1 客戶帳戶資料維護

3.2.4.1.1 實驗任務
(1) 完成新建客戶、帳戶過程。
(2) 修改步驟 1 中新建的客戶和帳戶。
(3) 為步驟 1 新建的客戶增加一個帳戶。
(4) 查看客戶帳戶資料。

3.2.4.1.2 實驗說明

本實驗主要完成客戶基本資料和關聯的帳戶基本資料的修改維護過程。包括以下兩個過程：修改已有的客戶帳戶資料和新增客戶帳戶資料。其中新增客戶帳戶資料主要用於錄入新的客戶帳戶資料，便於后續系統辦理業務。

客戶類型變更，由於系統對個人客戶和集團客戶的客戶類型做了限制，個人客戶和集團客戶間不能直接過戶，故需要通過該實驗步驟進行客戶類型的升降級。

帳戶主訂購變更，由於帳戶和用戶是1：N的關係，所以在新開戶或新裝時系統自動指定帳戶生成的第一用戶為帳戶主訂購，通過該實驗可對帳戶的主訂購用戶進行變更。

3.2.4.1.3 操作步驟

(1) 點擊營業→資料維護→客戶帳戶資料維護。選擇驗證模式，輸入證件信息，點擊「下一步」(見圖3-66)。

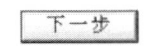

圖 3-66

(2) 如果營業系統中沒有該證件對應的客戶帳戶資料，系統會提示「該證件號碼沒有對應的客戶資料，點擊新建客戶帳戶資料」。點擊該鏈接，可以直接新建客戶帳戶 (見圖3-67)。

圖 3-67

如果營業系統中存在該證件對應的客戶帳戶資料，系統會查詢出已有的客戶帳戶資料信息列表，點擊「修改客戶帳戶資料」可以修改客戶帳戶資料；點擊「新建帳戶」可以在對應的客戶下面，新增一個帳戶 (見圖3-68)。

圖 3-68

（3）錄入客戶、帳戶相關資料（見圖 3-69、圖 3-70）。

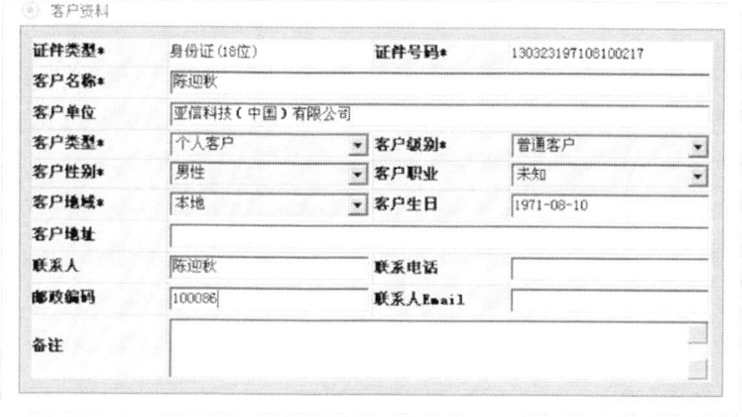

圖 3-69

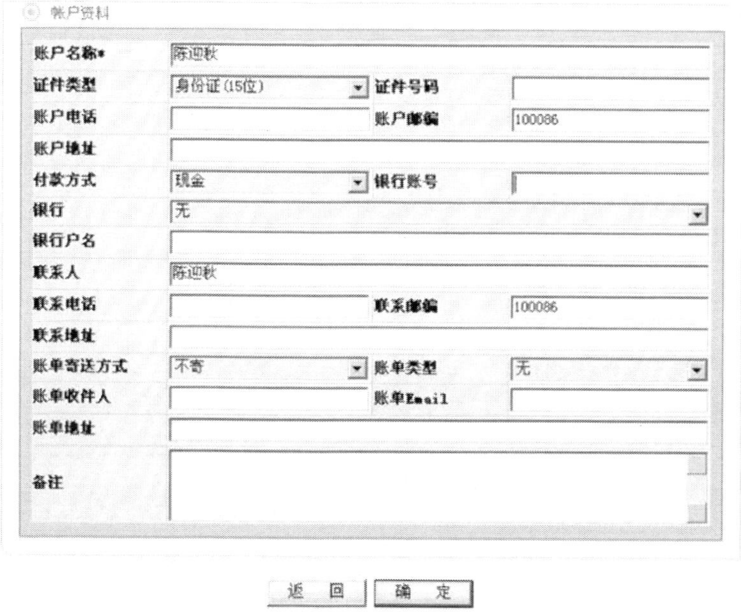

圖 3-70

（4）確定，打印工單（見圖 3-71）。

圖 3-71

(5) 提交（見圖 3-72）。

圖 3-72

3.2.4.1.4 注意事項
帶「*」號的字段必須填寫，其他可以選填。

3.2.4.2 代付關係變更

3.2.4.2.1 實驗任務
本實驗擬完成用戶代付關係的新建、取消和變更操作，支持代付專項專款。

3.2.4.2.2 實驗說明
責任用戶為其他用戶代付費用，目前支持的代付類型只有集團代付功能費，可以通過此功能進行代付關係的新增及刪除。
支持業務：所有準預付費和后付費業務，不包含預付費業務。

3.2.4.2.3 操作步驟
(1) 點擊「營業→資料維護→代付關係變更」，輸入服務號碼，進行查詢（見圖 3-73）。

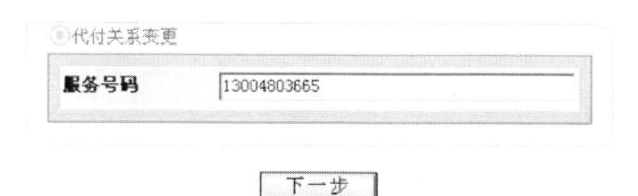

圖 3-73

(2) 顯示用戶基本資料、帳戶資料以及代付關係信息。如果該用戶之前辦理過代付業務，在代付關係列表中會有相應條目（見圖 3-74、圖 3-75、圖 3-76）。

圖 3-74

圖 3-75

圖 3-76

(3) 如果需要刪除原有的代付關係，點「刪除」按鈕，可以完成刪除代付關係的功能；如果需要為該用戶增加多個代付費關係，點「添加一行」按鈕（見圖3-77）。

增加代付關係時，輸入用戶業務類別、用戶號碼、代付方案以及方案的優先順序等信息。點擊「代付方案 ID」的「選擇」按鈕可以在彈出窗口中選擇系統配置好的代付方案，目前只有「集團代付功能費」一種（見圖3-78）。

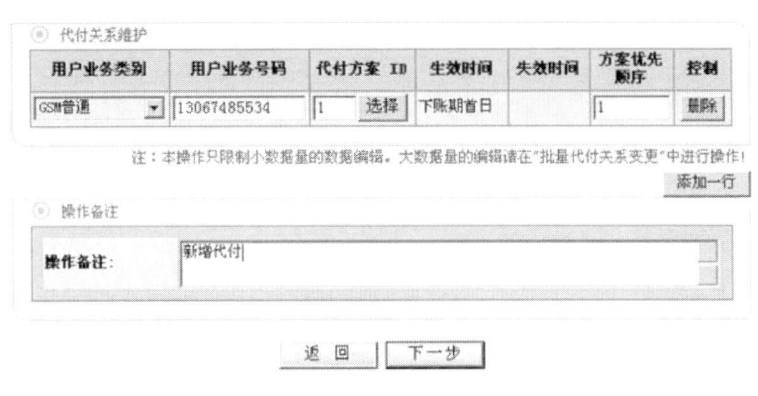

圖 3-77

圖 3-78

(4) 確認代付信息。
(5) 點擊「下一步」，打印工單（見圖3-79）。

圖 3-79

（6）點擊「提交」，代付關係變更成功（見圖3-80）。

圖3-80

3.2.4.2.4 注意事項
注意代付與被代付關係。第一個界面中輸入的服務號碼為后面選擇的代付號碼代付費用。

3.2.4.3 三戶附加信息維護

3.2.4.3.1 實驗任務
本實驗擬完成對客戶附加信息的登記和維護的操作。

3.2.4.3.2 實驗說明
客戶附加信息主要包括職業、學歷、愛好、習慣等額外信息，用於進行客戶細分、統計等操作。

3.2.4.3.3 操作步驟
（1）點擊「營業→資料維護→三戶附加信息維護」，輸入服務號碼可對其進行查詢，其查詢特徵值為資料類型和業務號碼（見圖3-81）。

圖3-81

（2）顯示客戶基本資料以及附加信息（見圖3-82）。如果需要刪除原有的附加信息，在「數據」欄中點擊「刪除」鏈接。如果需要添加附加信息，在「數據」欄下方點擊「添加一行」（見圖3-83）。

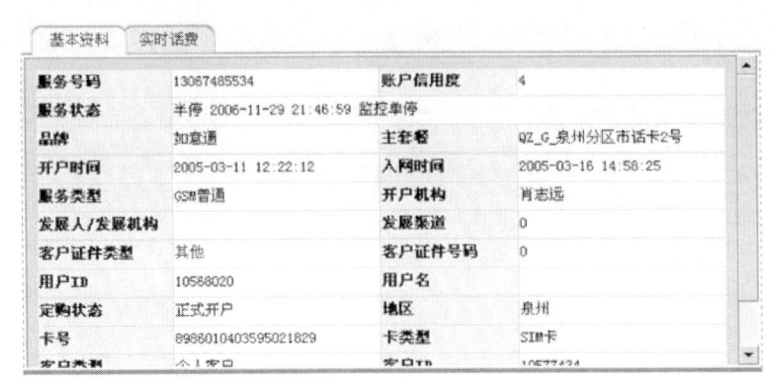

圖 3-82

圖 3-83

（3）點擊「添加一行」后，彈出輸入詳細信息對話框，錄入完畢，點擊「確定」（圖 3-84）。

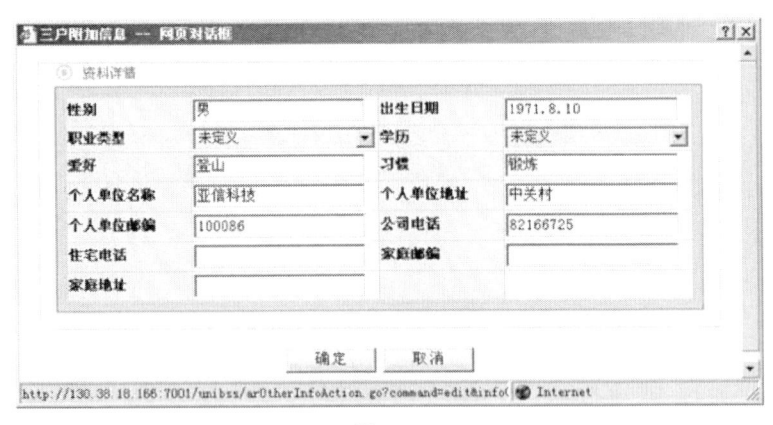

圖 3-84

（4）點擊「下一步」。
（5）打印工單，提交成功（見圖 3-85）。

圖 3-85

3.2.4.4 擔保信息維護

3.2.4.4.1 實驗任務

本實驗擬完成用戶的擔保信息的編輯和修改操作，其分為個人擔保、單位擔保和押金擔保。

3.2.4.4.2 實驗說明

無

3.2.4.4.3 操作步驟

（1）選擇「營業→資料維護→擔保信息維護」，輸入業務號碼，查詢（見圖3-86）。

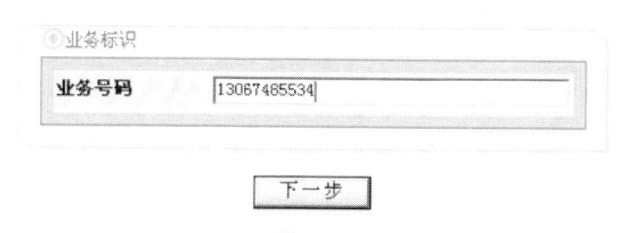

圖 3-86

（2）顯示該用戶所有的擔保單位、擔保人以及擔保押金信息。點擊「修改」可以修改對應的擔保信息，點擊「作廢」可以將原有擔保信息刪除。需要新增某種擔保，在擔保類型下拉列表框中選擇需要的類型，點擊「創建」按鈕（見圖3-87）。

圖 3-87

（3）新增某種擔保后，在擔保信息錄入界面中，錄入對應的擔保信息（見圖3-88）。

圖 3-88

（4）確定，打印工單（見圖 3-89）。

圖 3-89

（5）提交成功（見圖 3-90）。

圖 3-90

3.2.4.5 發展信息維護

3.2.4.5.1 實驗任務

（1）完成用戶發展信息維護：記錄用戶的發展人或發展機構信息。

（2）完成業務發展信息：記錄用戶使用的業務由哪個發展人或發展機構發展。

3.2.4.5.2 實驗說明

同一發展級別和發展方式只能有一個用戶發展人/機構。

一個客戶可以有多個業務發展人/機構。

3.2.4.5.3 操作步驟

(1) 點擊「營業→資料維護→發展信息維護」，輸入服務號碼，查詢(見圖3-91)。

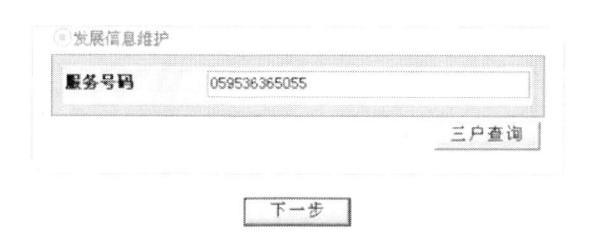

圖 3-91

(2) 原有的「用戶發展信息」以及「業務發展信息」會顯示在對應的列表中。如果要刪除原有信息，點擊條目后面的「刪除」鏈接。如果需要增加新的發展信息，點擊「添加一行」(見圖3-92)。

圖 3-92

(3) 點擊「添加一行」，彈出「發展信息維護」窗口，輸入發展信息(見圖3-93)。

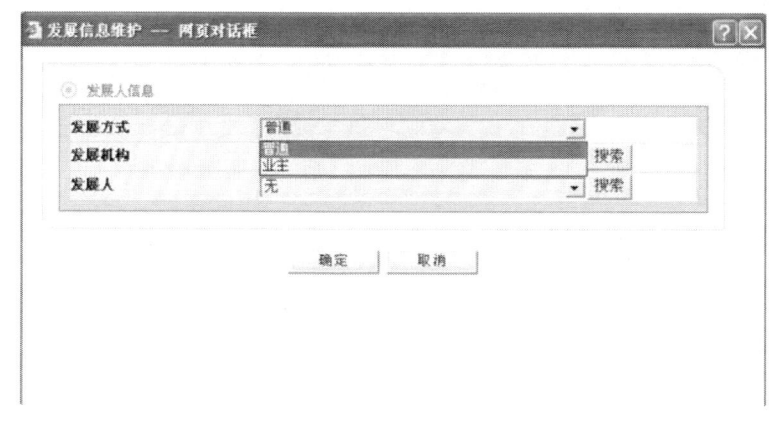

圖 3-93

（4）點擊下一步，打印工單（見圖3-94）。

圖 3-94

（5）修改成功（見圖3-95）。

圖 3-95

3.2.4.6 用戶信息維護

3.2.4.6.1 實驗任務
（1）完成用戶資料基本信息的修改過程。
（2）完成其他資料信息的修改過程。

3.2.4.6.2 實驗說明
修改其他資料信息時，系統會自動根據用戶的業務類型帶出相應的資料供修改。

- 寬帶用戶：帶出（見圖3-96）。

圖 3-96

- 過網業務用戶：帶出（見圖3-97）。

圖 3-97

3.2.4.6.3 操作步驟

（1）點擊「營業→資料維護→用戶信息維護」，輸入服務號碼，點擊「下一步」（見圖3-98）。

圖 3-98

（2）系統自動帶出用戶資料供核查，可修改用戶資料和其他資料信息（見圖3-99、圖3-100、圖3-101）。

圖 3-99

圖 3-100

圖 3-101

(3) 點擊「下一步」, 打印免填單, 提交 (見圖 3-102)。

用户信息维护(10111)

服务号码:	059586260937	客户名称:	蔡顺治
申请业务:	用户信息维护(10111)	受理方式:	凭证件
受理编号:	11QZ01-20090607-00002[200906558255783]		
用户资料	用户归属县市: 从'南安'变更为'晋江' 计费归属县市: 从'南安'变更为'晋江' 用户来源地: 从'空值'变更为'非本网用户'		
受理工号:	ciqa13C	受理时间:	2009-06-07 16:27:41

作　废　　打　印　　提　交
打印說明

圖 3-102

3.2.4.7 帳戶分戶 [固網專用]

3.2.4.7.1 實驗任務
本實驗擬完成將源帳戶下的某個或某些用戶拆到目的帳戶下。

3.2.4.7.2 實驗說明
- 帳戶 b 和帳戶 a 必須歸屬同一個客戶 ID。
- 欠費不允許做帳戶分戶。
- 源帳戶下的用戶有裝、移、改、拆類型的未完工工單不能分戶。
- 源帳戶下用戶必須為正式開戶的在網用戶。
- 不支持異地受理。
- 下帳期生效。

3.2.4.7.3 操作步驟
(1) 點擊「營業→資料維護→帳戶分戶」, 輸入證件號碼 (見圖 3-103)。

请选择验证模式
　⊙证件类型号码验证入口　○用户验证入口

　□账户分户
　　证件类型　身份证(18位)　▼
　　证件号码　66　　　　　　选择

下一步

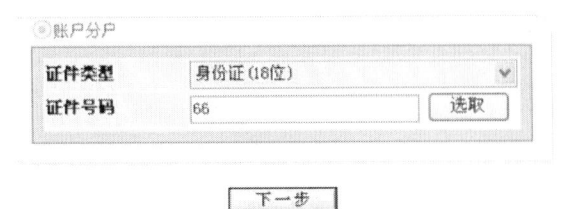

圖 3-103

(2) 選擇要拆出的源帳戶 (見圖 3-104)。

圖 3-104

（3）選擇該帳戶下要拆出的用戶（見圖 3-105）。

見圖 3-105

（4）可轉出要同時轉出到目標帳戶的資金（見圖 3-106）。

圖 3-106

（5）選擇拆到的目標帳戶。點擊「選擇」按鈕，可新建帳戶，或輸入已存在的帳戶（見圖 3-107）。

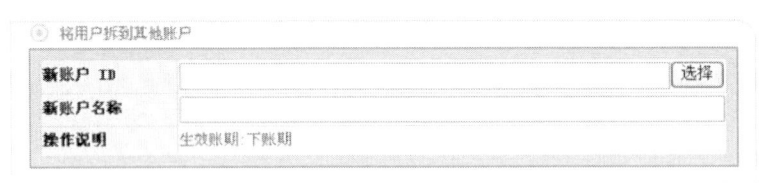

圖 3-107

（6）確認，打印免填單，提交（見圖 3-108）。

```
                    账户分户(10161)

服务号码:059524669782        客户名称:AAA李

申请业务:账户分户           受理方式:凭证件
受理编号      11QZ01-20081114-00001[200811430112736]
账户资料      账户名称:(11)
              付款方式:(现金)
账户资料      账单递送内容:(无)
              账单寄送标志:(不寄)
用户资料      用户过户(原账户ID=70786467,原账户名称=厦门国贸期货经纪有限公
              司泉州营业部,新账户ID=63005462,新账户名称=11)[下个账期生效]

受理工号:ciqa03C            受理时间:2008-11-14 16:42:40

              作 废    打 印    提 交
                       打印说明
```

(見圖 3-108)

3.2.4.8 帳戶合戶 [固網專用]

3.2.4.8.1 實驗任務

本實驗擬將歸屬於同一個客戶下的兩個帳戶合併成一個帳戶,該帳戶下掛著的用戶同時並入。

3.2.4.8.2 實驗說明

- 歸屬同一客戶ID下的帳戶才能合併。
- 源帳戶下的用戶有裝、移、改、拆類型的未完工工單不能合併帳戶。
- 源帳戶下用戶必須為正式開戶的在網用戶。
- 欠費不允許做帳戶合戶。
- 合戶時,a源帳戶下的所有用戶全部帶到目的帳戶b。
- 不支持異地受理。
- 下帳期生效。

3.2.4.8.3 操作步驟

(1) 點擊「營業→資料維護→帳戶合戶」,輸入服務號碼或證件號碼(見圖3-109)。

```
請選擇驗證模式
  ⊙證件類型號碼驗證入口   ○用戶驗證入口

  ⊙賬戶分戶
     證件類型    [工作證          ▼]
     證件號碼    [66            ]   [選取]

              [下一步]
```

圖 3-109

（2）選擇需要辦理合戶的兩個帳戶（見圖 3-110）。

圖 3-110

（3）選擇合併後歸屬的目標帳戶（見圖 3-111）。

圖 3-111

（4）「下一步」提交，打印免填單，提交。下帳期生效，源帳戶下全部用戶自動並入目標帳戶中（見圖 3-112）。

見圖 3-112

3.2.4.9 客戶資料合併 ［固網專用］

3.2.4.9.1 實驗任務
本實驗擬完成將兩個客戶信息合併成一個客戶信息的操作。

3.2.4.9.2 實驗說明
發生客戶歸並時，歸並后客戶標示碼：同一級別系統的客戶以生成時間最早的客戶標示碼為準。

業務規則：不支持異地受理。

生效帳期：立即生效。

業務上規定不同客戶類別不允許合併客戶資料。

合併后：用戶和帳戶關係不變，客戶帳戶關係發生變化。

3.2.4.9.3 操作步驟

(1) 點擊「營業→資料維護→客戶資料合併」，輸入證件號碼（見圖3-113）。

圖3-113

(2) 系統帶出符合條件的客戶資料清單供選擇（見圖3-114）。

圖3-114

(3) 輸入選擇待合併客戶的證件類型和證件號碼（見圖3-115）。

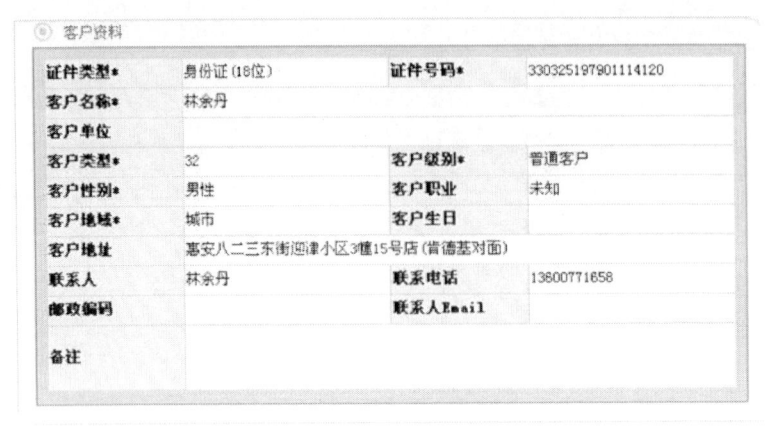

圖 3-115

（4）系統帶出該證件號碼下的客戶資料清單供選擇（見圖 3-116）。

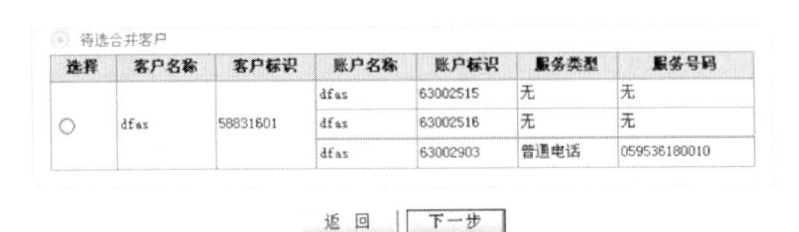

圖 3-116

（5）對兩個合併客戶資料進行核對（見圖 3-117、圖 3-118）。

客户资料

证件类型*	身份证(18位)	证件号码*	330325197901114120
客户名称*	林余丹		
客户单位			
客户类型*	32	客户级别*	普通客户
客户性别*	男性	客户职业	未知
客户地域*	城市	客户生日	
客户地址	惠安八二三东街迎津小区3幢15号店(肯德基对面)		
联系人	林余丹	联系电话	13600771658
邮政编码		联系人Email	
备注			

圖 3-117

新客户资料

证件类型*	学生证	证件号码*	123456
客户名称*	dfas		
客户单位	addr		
客户类型*	ip公话超市	客户级别*	普通客户
客户性别*	男性	客户职业	工矿企业职工
客户地域*	农村	客户生日	2003-10-01 00:00:00.0
客户地址			
联系人	dfas	联系电话	
邮政编码		联系人Email	
备注			

返 回　下一步

圖 3-118

(6) 點擊「下一步」，打印免填單，提交（見圖 3-119）。

客户资料合并(10540)

服务号码:0　　**客户名称**:林余丹

申请业务:客户资料合并　　**受理方式**:凭证件

受理编号　12QZ01-20081105-00002[200811430053424]

客户资料　客户(58831601)并入客户(70749207)

帐户资料　账户(dfas)转入客户(林余丹)下

受理工号:cnct00C　　**受理时间**:2008-11-05 15:51:01

作 废　打 印　提 交

打印说明

圖 3-119

(7) 成功受理（見圖 3-120）。

```
提示！
業務受理單已經被提交成功(无费用)。
受理單編號是：200811430053424，流水号是：10081105860173825。
```

圖 3-120

3.3 實驗 3 停開機處理

本實驗擬完成對用戶號碼的停機和開機處理，包括停機保號、申掛暫停等業務的停開機。

3.3.1 實驗目的

本實驗要求學生熟練掌握移動業務的各種開機停機操作，以及固網業務的停機保號操作。

3.3.2 準備知識

停機主要是指手機停機保號，是通信運營商的一項業務，指的是對於一些暫時不用某個手機號碼，但又想保留這一號碼的手機用戶來說，可以辦理停機，運營商即可為其保留號碼的業務。

開機指手機用戶掛失、報停機後辦理重新開機使用，恢復手機通信的業務。

3.3.3 實驗準備

需要已經做過開戶入網的號碼。

3.3.4 實驗內容及步驟

3.3.4.1 受理停機

3.3.4.1.1 實驗任務

本實驗擬完成將用戶手機停機的操作過程。

3.3.4.1.2 實驗說明

停機方式包括停機保號、申掛暫停、臨時申掛停機三種。三種停機類型停機操作步驟均一樣，適用於由用戶主動要求的停機。

3.3.4.1.3 操作步驟

（1）點擊「營業→停開機→受理停機」，輸入服務號碼，點擊「下一步」（見圖 3-121）。

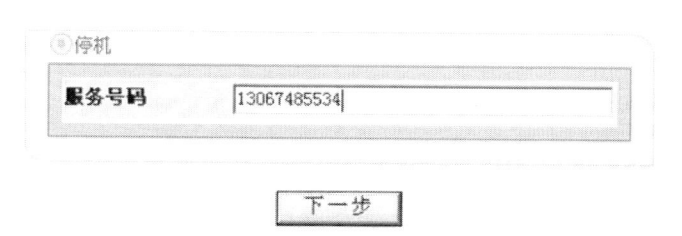

圖 3-121

（2）選擇停機原因，點擊「下一步」（見圖 3-122）。

圖 3-122

（3）確認停機（見圖 3-123）。

圖 3-123

（4）打印工單，提交（見圖 3-124）。

受理停机（10302）

服务号码：13067485534　　　　　客户名称：null

申请业务：受理停机　　　　受理方式：凭密码
受理编号：11QZ02-20061221-00001[]
业务描述：停开机业务受理/停机保号
用户资料：用户状态操作类型：(停机保号)，用户服务状态变更为：(停机)

受理工号：qchenyq14　　　　　受理时间：2006-12-21 15:05:36

[作废] [打印] [提交]
打印说明

圖 3-124

（5）停機成功。提交成功之后，可以點擊受理單的鏈接，查看工單詳細信息（見圖 3-125）。

◎ 提示！
业务受理单已经被提交成功(无费用)。
受理单编号是：200612000040020，流水号是：10061221000165743。

圖 3-125

3.3.4.2 受理開機

3.3.4.2.1 實驗任務
本實驗擬完成對用戶手機進行開機處理操作。

3.3.4.2.2 實驗說明
開機處理包括停機保號開機、申掛暫停取消、臨時申掛停機取消三種。三種類型的操作步驟均一樣。需注意，受理開機的三種類型與受理停機的三種類型一一對應。即停機保號類型的受理停機必須對應停機保號類型的受理開機。其他兩種規則一樣。

3.3.4.2.3 操作步驟
（1）點擊「營業→停開機→受理開機」，輸入服務號碼，點擊「下一步」（見圖 3-126）。

停機
服務號碼　13067485534

[下一步]

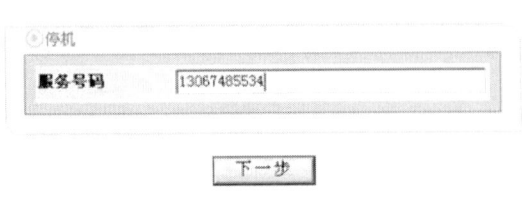

圖 3-126

（2）選擇開機原因，「下一步」（見圖 3-127）。

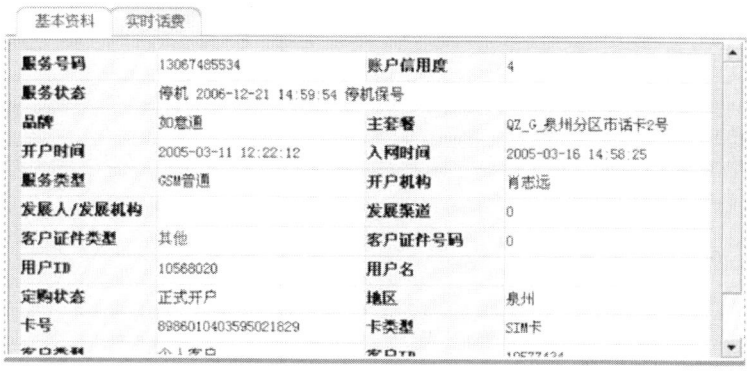

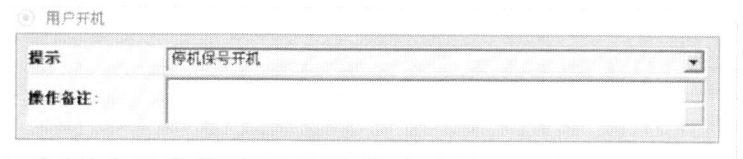

圖 3-127

（3）確認開機（見圖 3-128）。

圖 3-128

（4）打印工單，提交（見圖 3-129）。

圖 3-129

（5）開機成功（見圖3-130）。

圖3-130

3.3.4.3 立即停機

3.3.4.3.1 實驗任務

本實驗擬完成將用戶手機立即停機的操作。

3.3.4.3.2 實驗說明

由於某種原因，對於由信控停機無法實現立時停機的用戶，由操作員通過操作界面觸發停機，實現用戶手機立即停機功能。立即停機的優先級高於其他的聯機工單。

3.3.4.3.3 操作步驟

（1）點擊「營業→停開機→立即停機」，輸入服務號碼，點擊「下一步」（見圖3-131）。

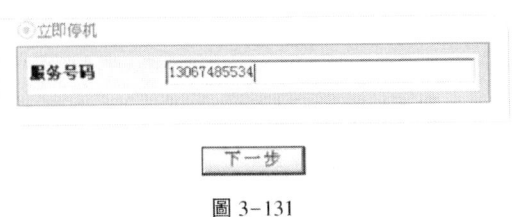

圖3-131

（2）查看信息，點擊下一步（見圖3-132）。

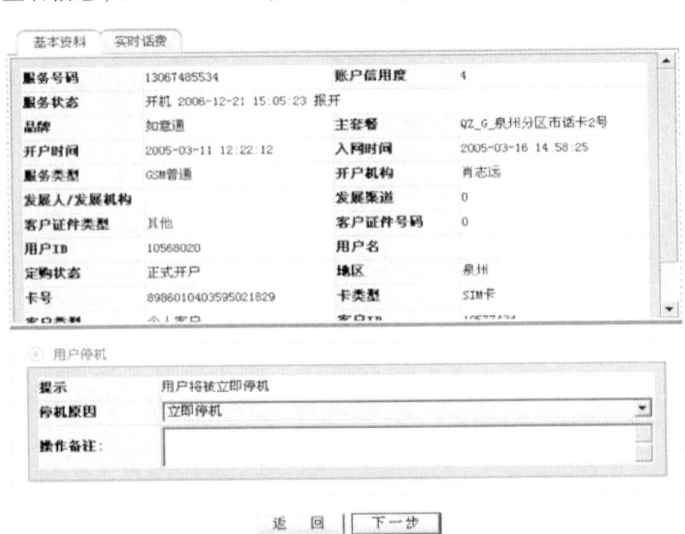

圖3-132

（3）確認停機（見圖3-133）。

圖3-133

（4）打印工單，提交（見圖3-134）。

圖3-134

（5）停機成功（見圖3-135）。

圖3-135

3.3.4.4 立即開機

3.3.4.4.1 實驗任務

本實驗擬完成用戶手機立即開機的操作。

3.3.4.4.2 實驗說明

對應停機原因為：立即停機。

3.3.4.4.3 操作步驟

（1）點擊「營業→停開機→立即開機」，輸入服務號碼，點擊「下一步」（見圖3-136）。

图 3-136

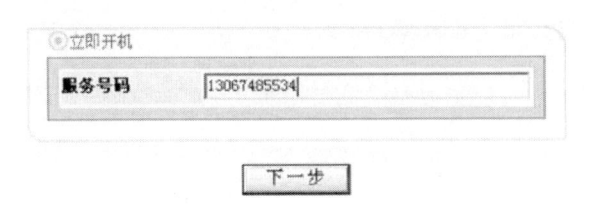

（2）查看信息，點擊下一步（見圖 3-137）。

图 3-137

（3）確認開機（見圖 3-138）。

图 3-138

（4）打印工單，提交（見圖 3-139）。

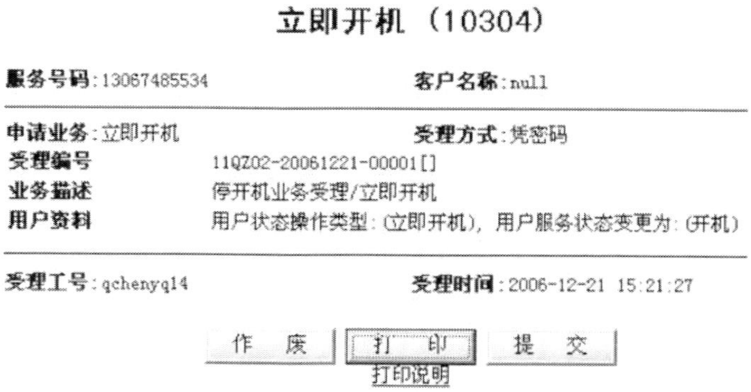

立即开机（10304）

服务号码：13067485534　　　　**客户名称**：null

申请业务：立即开机　　　　　　**受理方式**：凭密码
受理编号：11QZ02-20061221-00001[ ]
业务描述：停开机业务受理/立即开机
用户资料：用户状态操作类型：(立即开机)，用户服务状态变更为：(开机)

受理工号：qchenyq14　　　　　**受理时间**：2006-12-21 15:21:27

[作　废]　[打　印]　[提　交]
　　　　　　打印说明

图 3-139

（5）立即开机成功（见图 3-140）。

> 提示！
> 业务受理单已经被提交成功(无费用)。
> 受理单编号是：200612000040027，流水号是：10061221000165792。

图 3-140

3.3.4.5　特殊停机

3.3.4.5.1　实验任务
本实验拟完成对特殊停机的用户进行操作。

3.3.4.5.2　实验说明
对其他特殊原因进行停机的操作过程。

3.3.4.5.3　操作步骤

（1）点击「营业→停开机→特殊停机」，输入服务号码，点击「下一步」（见图 3-141）。

○ 特殊停机
服务号码　15605918818
　　　　　　　[三户查询]

[下一步]

图 3-141

（2）查看信息，点击「下一步」（见图 3-142）。

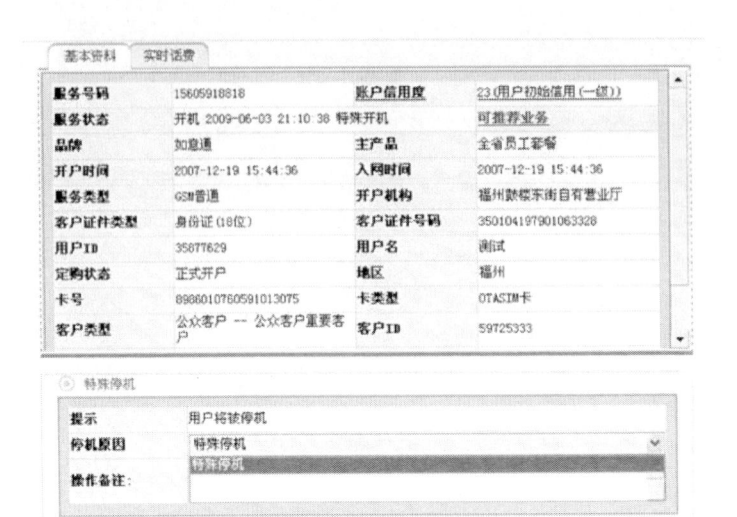

圖 3-142

（3）確認停機（見圖 3-143）。

圖 3-143

（4）打印工單，提交（見圖 3-144）。

圖 3-144

（5）提交成功之后，可以點擊受理單的鏈接，查看工單詳細信息（見圖 3-145）。

圖 3-145

3.3.4.6 特殊開機

3.3.4.6.1 實驗任務
本實驗擬完成對特殊停機類型操作的用戶進行特殊開機操作。

3.3.4.6.2 實驗說明
此功能針對特殊停機類型操作的用戶進行特殊開機操作。其他類型的停機在此受理，系統將有報錯提示。

3.3.4.6.3 操作步驟

（1）點擊「營業→停開機→特殊開機」，輸入服務號碼，點擊「下一步」（見圖 3-146）。

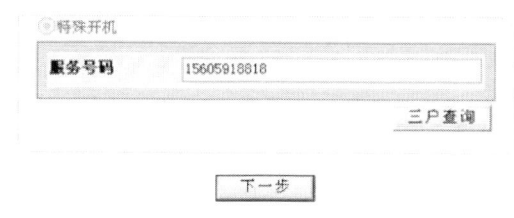

圖 3-146

（2）查看信息，點擊「下一步」（見圖 3-147）。

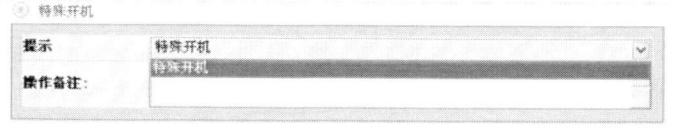

圖 3-147

(3) 確認開機（見圖 3-148）。

圖 3-148

(4) 打印工單，提交（見圖 3-149）。

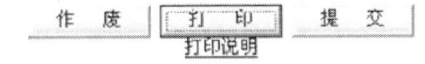

圖 3-149

5. 提交成功之後，可以點擊受理單的鏈接，查看工單詳細信息（見圖 3-150）。

圖 3-150

3.3.4.7 固網業務停機保號 [固網專用]

3.3.4.7.1 實驗任務
本實驗擬完成對固網業務用戶主動要求的報停進行操作，並保留原來號碼。

3.3.4.7.2 實驗說明
用戶不欠費，當前處於開機狀態（若選擇停保號續停功能，則用戶需要處於停保狀態）。

網通停機保號規則和聯通不同，停機保號費是作為營業收費。

網通固話用戶可選擇「停機保號3個月」和「停機保號6個月」。

停機保號3個月時默認收費15元，停機保號6個月時，默認收費30元；可根據情況做減免處理。

對於停機保號的用戶，到期後系統自動開機（按自然月計算，如3月16日辦理停機保號3個月，則復機時間為7月1日）。

同時提供停機保號續停的功能，即用戶處於停機保號狀態，可以延長停機保號的時間。如用戶6月份辦理停機保號續停的功能，則復機時間由7月1日變更為10月1日，收費15元（每次續只能續3個月）。

不支持異地受理。

3.3.4.7.3 操作步驟

（1）點擊「營業→停開機→固網業務停機保號」，輸入服務號碼，點擊「下一步」（見圖3-151）。

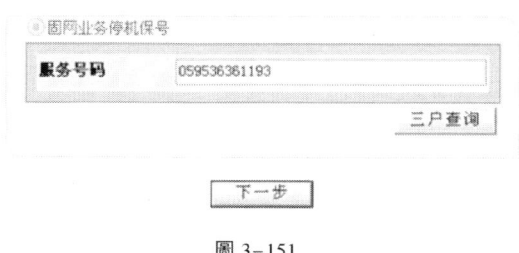

圖3-151

（2）查看用戶信息，選擇停機保號時間類型，點擊「下一步」（見圖3-152）。

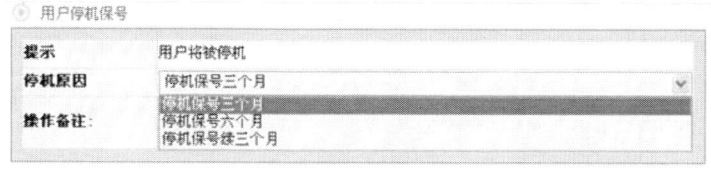

圖3-152

(3) 確認操作（見圖 3-153）。

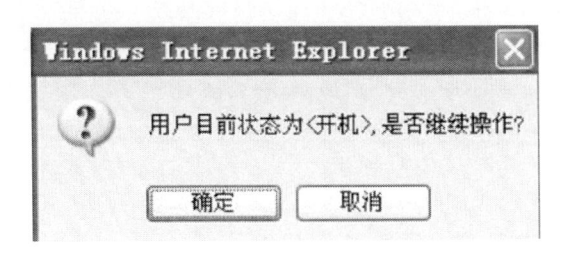

圖 3-153

(4) 進入收費界面，進行收費信息查看及付費方式選擇（見圖 3-154）。

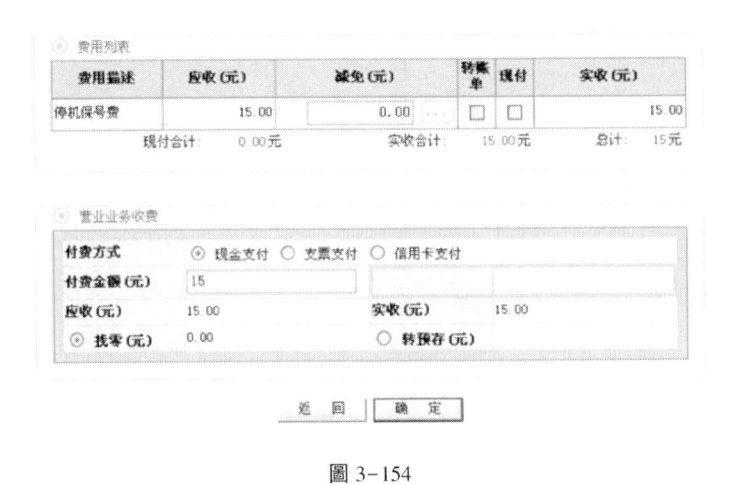

圖 3-154

(5) 收費確認（見圖 3-155）。

圖 3-155

(6) 打印工單，提交確認（見圖 3-156）。

圖 3-156

（7）提交成功之後，可以點擊受理單的鏈接，查看工單詳細信息（見圖 3-157）。

圖 3-157

（8）打印發票。

3.4 實驗 4 資源變更

3.4.1 實驗目的

本實驗要求學生熟練掌握移動業務的補換卡和換號操作。

3.4.2 準備知識

補卡：實現移動用戶由於智能卡（SIM 卡、UIM 卡、GSM 雙模卡、CDMA 雙模卡）遺失的補卡功能。

換卡：實現移動用戶由於智能卡（SIM 卡、UIM 卡、GSM 雙模卡、CDMA 雙模卡）損壞或其他原因的換卡功能。

換號：實現用戶更換移動電話號碼，修改計費號碼的功能。

3.4.3 實驗準備

需要已經做過開戶入網過程的號碼。

3.4.4 實驗內容及步驟

3.4.4.1 移動業務補換卡

3.4.4.1.1 實驗任務

本實驗擬完成移動號碼補卡、換卡操作。通過選擇是否回收舊卡來區分補卡和換卡。

3.4.4.1.2 實驗說明

辦理補卡時，由於原卡遺失，舊卡回收選擇「否」；辦理換卡時，原卡可以選擇回收。

3.4.4.1.3 操作步驟

（1）點擊「營業→資源變更→移動業務補/換卡」，輸入服務號碼，點擊「下一步」（見圖3-158）。

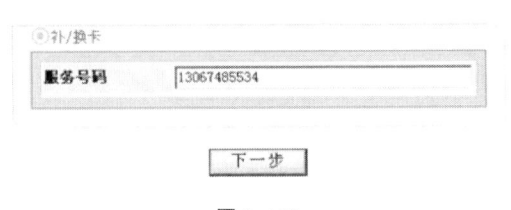

圖 3-158

（2）輸入新的卡號，選擇是否回收舊卡（見圖3-159、圖3-160）。

圖 3-159

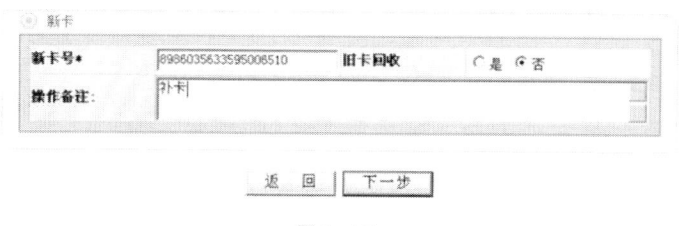

圖 3-160

（3）繳補換卡的卡費，點擊「確定」（見圖 3-161）。

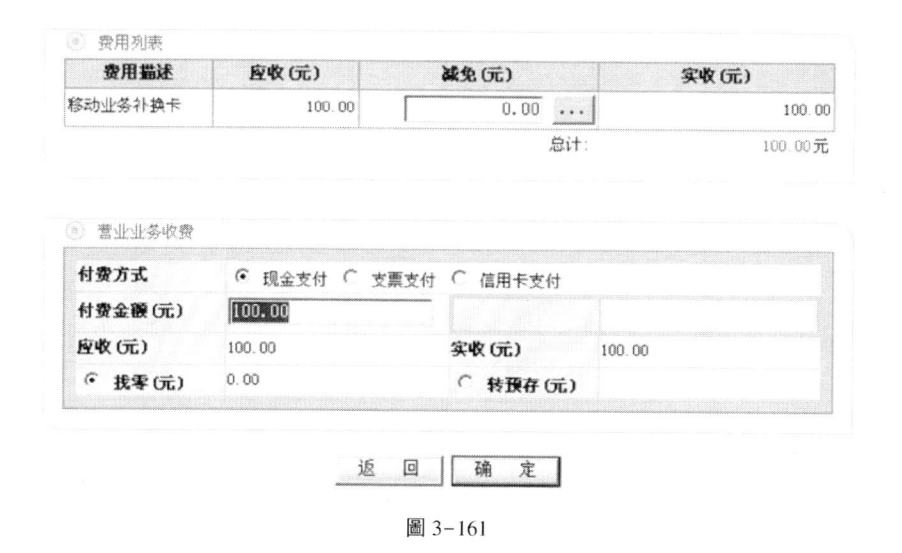

圖 3-161

（4）確認繳費（見圖 3-162）。

圖 3-162

（5）打印工單，提交（見圖 3-163）。

圖 3-163

（6）打印發票（見圖 3-164）。

圖 3-164

3.4.4.2 用戶換號

3.4.4.2.1 實驗任務
本實驗擬完成用戶換號操作，並修改用戶的計費號碼。

3.4.4.2.2 實驗說明
新號狀態：必須為空閒狀態，和原號在同一區間。不符合條件的號碼不允許更換。

改號之後的號碼狀態：原號回收占用，3個月冷凍期後可重新使用。新號變為長期占用。

3.4.4.2.3 操作步驟
（1）點擊「營業→資源變更→用戶改號」，輸入服務號碼，點擊「下一步」（見圖 3-165）。

圖 3-165

（2）輸入新的號碼（見圖 3-166）。

圖 3-166

（3）打印工單，提交（見圖 3-167）。

圖 3-167

(4) 提交成功（見圖 3-168）。

圖 3-168

3.5　實驗 5　綜合變更

3.5.1　實驗目的

本實驗主要是對用戶訂購的業務產生變更，主要包括特服變更（特服功能變更）、產品變更（綜合產品變更）、業務類型變更（業務類型互改）、活動變更（活動受理、活動註銷）。

3.5.2　準備知識（見圖 3-169）

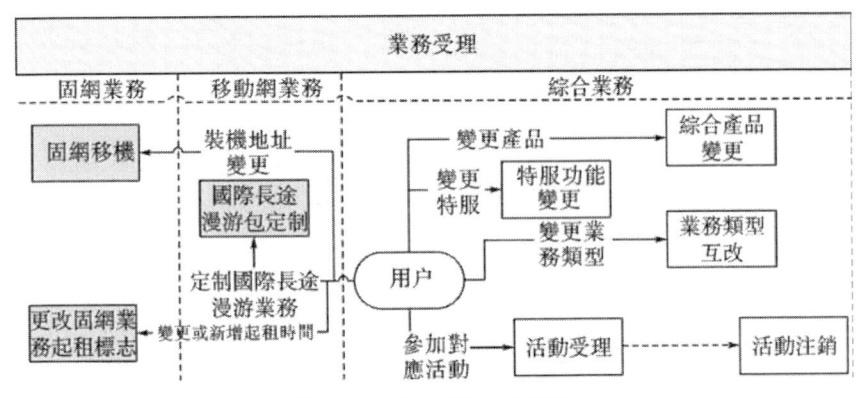

圖 3-169　綜合變更主要操作

用戶訂購了運營商的各種業務後，在使用過程中可能會對訂購的業務進行變更，包括綜合業務變更、移動網業務變更、固網業務變更等。業務產生變更後將按照變更後的業務進行計費，所以也涉及後續計費規則的改變。

移動網業務的國際長途漫遊包定制，特服並非在特服變更和綜合產品變更的特服模塊中進行開通，而是單獨列了菜單進行操作。

固網的業務受理還包括固網移機（用戶裝機地址發生了變更，物理線路和系統信息都需要進行變更）、更改固網業務起租標誌（該菜單針對固網 SDH 電路業務，當新裝完成後系統並不會認為該用戶已在使用，而是通過設置起租標誌來判斷用戶從何時開始使用該業務）。

3.5.3 實驗準備

需要已經做過開戶入網過程的號碼。

3.5.4 實驗內容及步驟

3.5.4.1 綜合產品變更

3.5.4.1.1 實驗任務

本實驗擬完成修改用戶主產品、子產品、特服功能、個性化信息，並且提供單雙模互換操作。

3.5.4.1.2 實驗說明

用戶只能選擇一種主產品，可以選擇一種或多種子產品，也可以選擇一種或多種活動，同時可以選擇開通哪些特服。

3.5.4.1.3 操作步驟

（1）點擊「營業→綜合變更→綜合產品變更」，輸入服務號碼，點擊「下一步」（見圖3-170）。

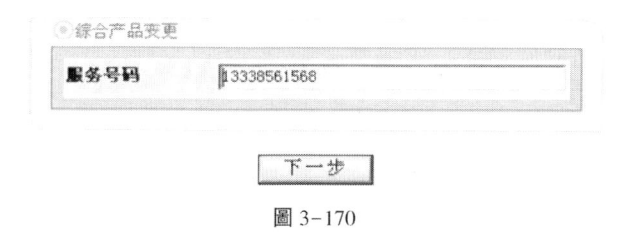

圖3-170

（2）更換主產品，操作方式同開戶界面。如果是單雙模互換業務，點擊選中「單雙模互換」復選框，並輸入新的智能卡卡號。點擊「下一步」（見圖3-171）。

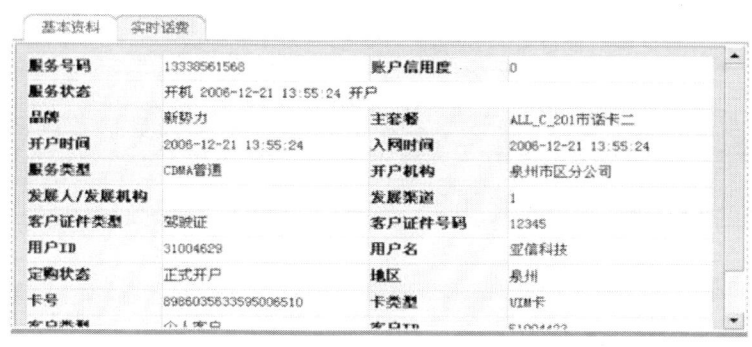

圖3-171

（3）更換子產品，選擇方式同開戶界面（見圖3-172）。

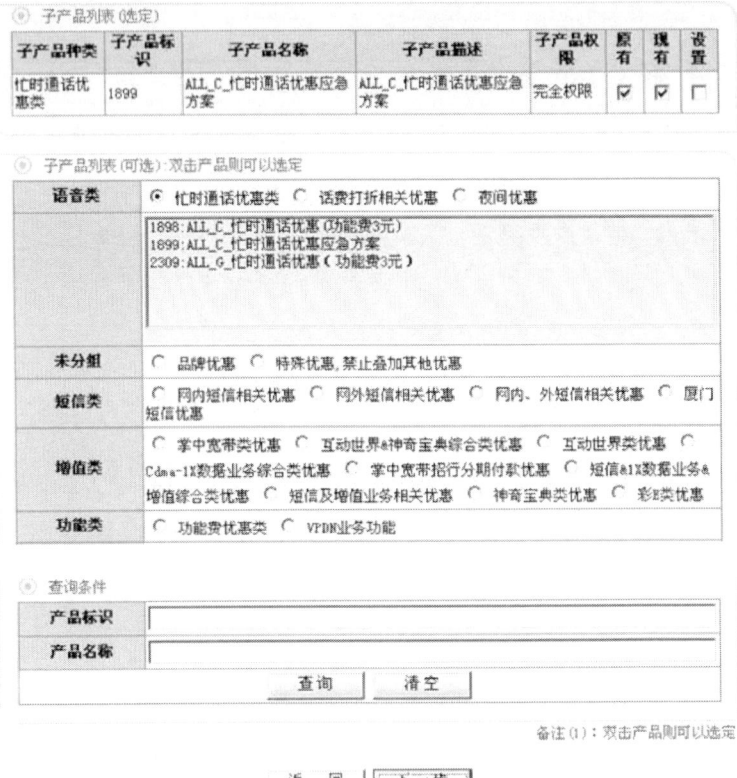

圖3-172

（4）修改個性化設置以及特服功能（見圖3-173）。

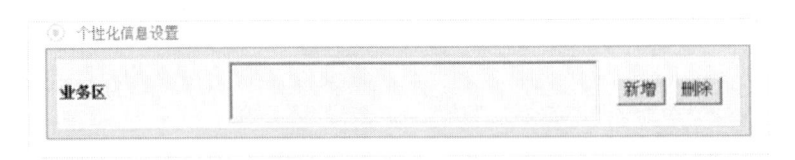

圖3-173

點擊「新增」，彈出個性信息設置窗口，設置業務區以及親情號碼等個性信息（見圖3-174）。

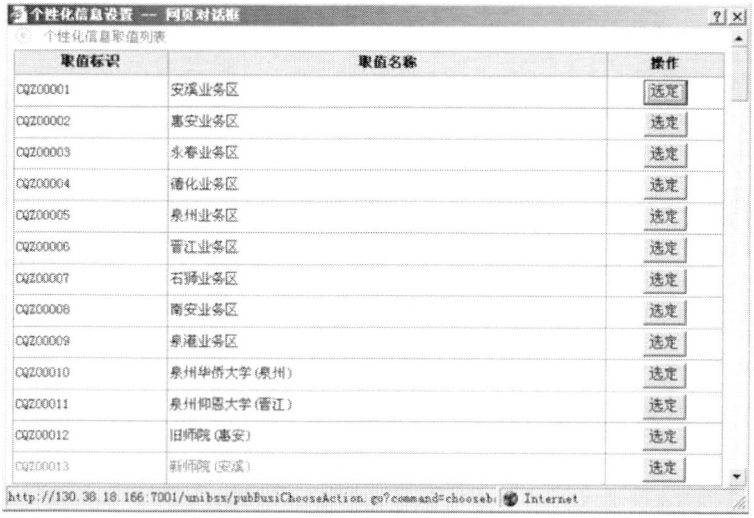

取值标识	取值名称	操作
CQZ00001	安溪业务区	选定
CQZ00002	惠安业务区	选定
CQZ00003	永春业务区	选定
CQZ00004	德化业务区	选定
CQZ00005	泉州业务区	选定
CQZ00006	晋江业务区	选定
CQZ00007	石狮业务区	选定
CQZ00008	南安业务区	选定
CQZ00009	泉港业务区	选定
CQZ00010	泉州华侨大学(泉州)	选定
CQZ00011	泉州仰恩大学(晋江)	选定
CQZ00012	旧师院(惠安)	选定
CQZ00013	新师院(安溪)	选定

圖 3-174

變更特服功能，點擊「下一步」(見圖 3-175)。

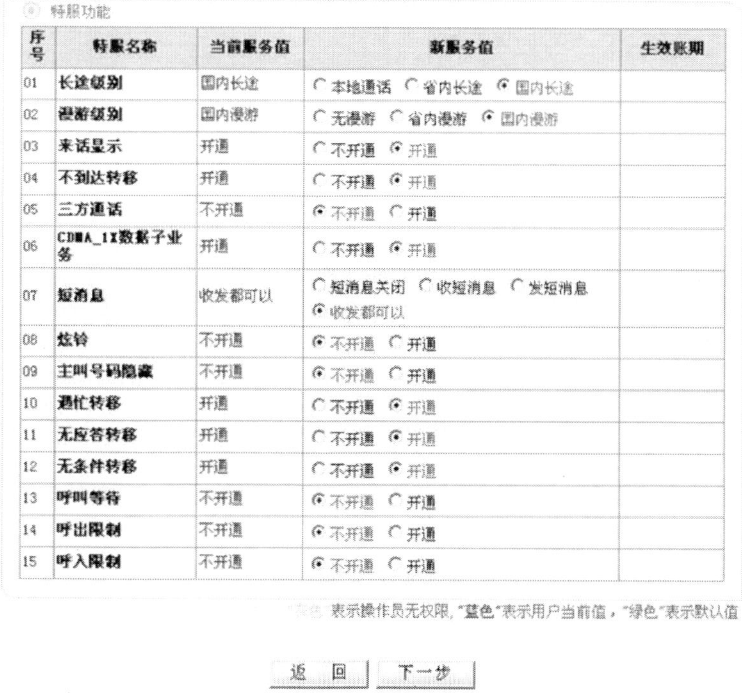

序号	特服名称	当前服务值	新服务值	生效账期
01	长途级别	国内长途	○本地通话 ○省内长途 ◉国内长途	
02	漫游级别	国内漫游	○无漫游 ○省内漫游 ◉国内漫游	
03	来话显示	开通	○不开通 ◉开通	
04	不到达转移	开通	○不开通 ◉开通	
05	三方通话	不开通	◉不开通 ○开通	
06	CDMA_1X数据子业务	开通	○不开通 ◉开通	
07	短消息	收发都可以	○短消息关闭 ○收短消息 ○发短消息 ◉收发都可以	
08	炫铃	不开通	◉不开通 ○开通	
09	主叫号码隐藏	不开通	◉不开通 ○开通	
10	遇忙转移	开通	○不开通 ◉开通	
11	无应答转移	开通	○不开通 ◉开通	
12	无条件转移	开通	○不开通 ◉开通	
13	呼叫等待	不开通	◉不开通 ○开通	
14	呼出限制	不开通	◉不开通 ○开通	
15	呼入限制	不开通	◉不开通 ○开通	

圖 3-175

(5) 確認特服變更信息，點擊「確定」(見圖 3-176)。

圖 3-176

（6）打印工單，提交（見圖 3-177）。

圖 3-177

（7）變更成功（見圖 3-178）。

圖 3-178

3.5.4.2 特服功能變更

3.5.4.2.1 實驗任務

本實驗擬完成手機變更特服功能的操作。

3.5.4.2.2 實驗說明

用戶必須選擇開通某種特服才能享受到該服務，如要打國際長途，必須開通國際長途特服功能。

3.5.4.2.3 操作步驟

（1）點擊「營業→綜合變更→特服功能變更」，輸入服務號碼，點擊「下一步」（見圖 3-179）。

圖 3-179

（2）核對資料，變更特服功能，輸入備註，修改完畢，點擊「下一步」（見圖 3-180、圖 3-181）。

圖 3-180

圖 3-181

(3) 打印工單，提交（見圖 3-182）。

特服功能變更（10502）

服務號碼：13067485534　　　　客戶名稱：null
申請業務：特服功能變更　　　　受理方式：憑密碼
受理編號：11QZ02-20061221-00001[ ]
服務功能：[长途级别]取消(国际长途),设置为(国内长途)
　　　　　[无条件转移]设置为(开通)
受理工號：qchenyq14　　　　　受理時間：2006-12-21 16:53:07

[作廢] [打印] [提交]
　　　打印說明

圖 3-182

(4) 變更成功（見圖 3-183）。

提示！
業務受理單已經被提交成功(无费用)。
受理單編號是：200612000040068，流水號是：10061221000166214。

圖 3-183

3.5.4.3 信用度變更

3.5.4.3.1 實驗任務

本實驗擬完成改變用戶或者帳戶的信用度的操作。

3.5.4.3.2 實驗說明

信用度用於防止用戶惡意欠費。對於大客戶或優質客戶，可以適當調高信用度等級，對於一般客戶或有過欠費的客戶，可以適當調低信用度等級。

3.5.4.3.3 操作步驟

(1) 點擊「營業→綜合變更→信用度變更」，輸入服務號碼，點擊「下一步」（見圖 3-184）。

⦿ 用戶信用度變更
服務號碼　[13328877777]

[下一步]

圖 3-184

（2）確認資料以及原有信用度信息，在「變更選擇」中確認變更類型：用戶信用度或者帳戶信用度。點擊「選擇」（見圖3-185）。

圖 3-185

（3）在信用度窗口中選擇信用度級別，點擊對應的單選鈕（見圖3-186）。

圖 3-186

（4）核對新的信用度，點擊「下一步」（見圖 3-187）。

圖 3-187

（5）打印工單，提交（見圖 3-188）。

圖 3-188

（6）變更成功（見圖 3-189）。

圖 3-189

3.5.4.4 用戶過戶

3.5.4.4.1 實驗任務

本實驗擬完成用戶過戶操作，將一個在網用戶過戶給另外的客戶下的帳戶，由其他帳戶來付費。

3.5.4.4.2 實驗說明

系統提供如下過戶方式：

過戶給新的客戶帳戶：要過戶到的客戶沒有資料。

過戶給在網的客戶帳戶：要過戶的客戶已經有資料。

克隆帳戶：在同一客戶下，按原默認帳戶同樣資料新建一個帳戶

以上過戶方式各自對應的業務舉例如表 3-2 所示。

表 3-2

過戶方式	典型業務舉例
過戶給新的客戶帳戶	號碼13159077977由原來的客戶為「王文轉」、帳戶為「王文轉」，過戶給客戶「李文力」，其帳戶為「李文力」，但李文力原來沒有資料。
過戶給在網的客戶帳戶	號碼13159077977由原來的客戶為「王文轉」、帳戶為「王文轉」，過戶給客戶「王文」，其帳戶為「王文」，王文在系統中有資料。
克隆帳戶	客戶「張強」有很多號碼統一由帳戶「張強」來付費。某天，其中的號碼13030943887想要單獨來付費，帳戶除名稱修改為「趙宇」之外，其餘信息和「張強」相同。

注意：

（1）過戶給新的客戶帳戶，等於完成了兩個步驟：第一，新建客戶帳戶；第二，將號碼過戶給第一個步驟中新建的客戶帳戶。等同的操作，可以在「客戶帳戶資料維護」中新建客戶帳戶，再到過戶辦理。

（2）克隆帳戶之後，新克隆出來的帳戶繼承了原默認帳戶的所有資料，克隆帳戶後，需要到「客戶帳戶資料修改」中修改資料。

3.5.4.4.3 過戶給新的客戶帳戶

（1）點擊「營業→綜合變更→綜合過戶」，輸入要過戶的手機號碼，點擊「下一步」（見圖 3-190）。

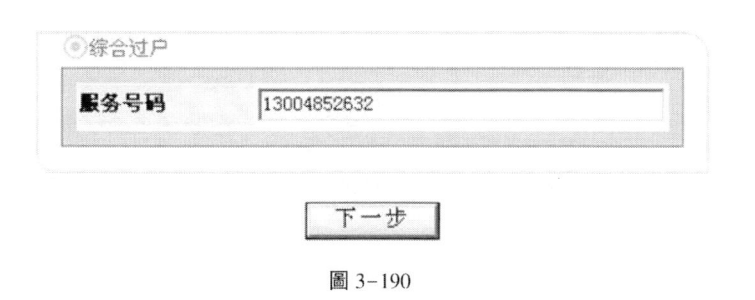

圖 3-190

（2）確認基本資料（見圖 3-191）。

圖 3-191

（3）點擊「選擇」按鈕，彈出「查找帳戶」窗口，輸入要過戶的客戶的證件類型和證件號碼（見圖 3-192）。

圖 3-192

（4）如果客戶資料不在網，需要點擊「該證件號碼沒有對應的客戶資料，點擊新建客戶帳戶資料」鏈接，新增客戶帳戶資料（見圖 3-193）。

圖 3-193

（5）輸入「客戶資料」和「帳戶資料」，輸入界面同「客戶帳戶資料維護」。輸入完畢后，點擊「確定」（見圖 3-194）。

圖 3-194

（6）打印工單，點擊「提交」（見圖3-195）。

圖3-195

（7）新建客戶資料、帳戶資料成功，關閉該窗口（見圖3-196）。

圖3-196

（8）回到過戶主界面，再次點擊「選擇」按鈕，彈出「查找帳戶」窗口，輸入步驟4~7新建的客戶證件類型和證件號碼，點擊「下一步」（見圖3-197）。

圖3-197

(9) 選擇查找到的客戶和帳戶，點擊「選擇」鏈接（見圖 3-198）。

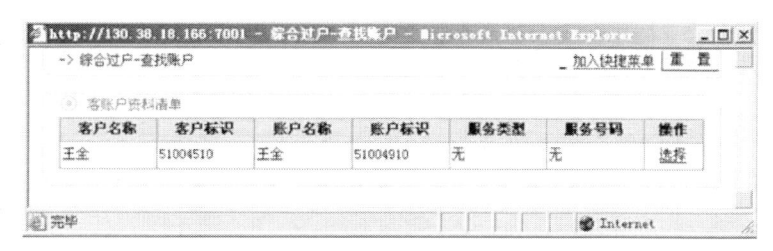

圖 3-198

(10) 本次過戶中，新建的帳戶 ID 和帳戶名稱出現在過戶界面中，點擊「過戶」按鈕（見圖 3-199）。

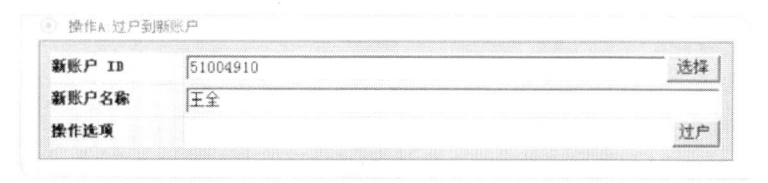

圖 3-199

(11) 確認過戶（見圖 3-200）。

圖 3-200

(12) 打印工單，提交（見圖 3-201）。

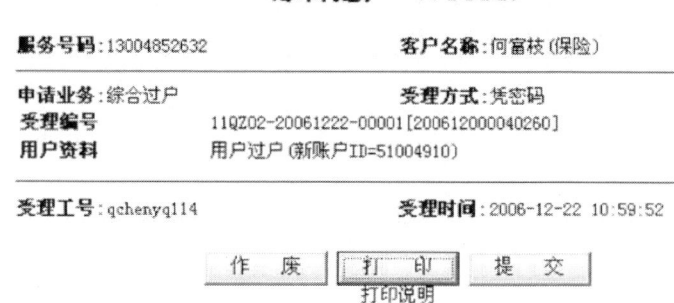

圖 3-201

(13) 過戶完成（見圖 3-202）。

提示！
業務受理單已經被提交成功(無費用)。
受理單編號是：200612000040260，流水號是：10061222000167372。

圖 3-202

3.5.4.4.4　過戶給已存在的客戶帳戶

(1) 點擊「營業→綜合變更→綜合過戶」，輸入要過戶的手機號碼，點擊「下一步」（見圖 3-203）。

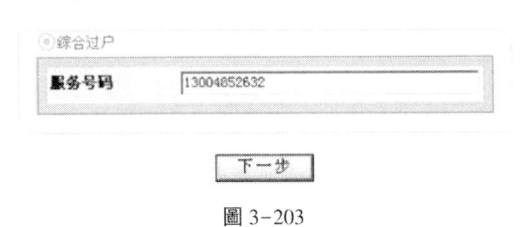

綜合過戶
服務號碼　13004852632
下一步

圖 3-203

(2) 確認基本資料（見圖 3-204）。

圖 3-204

（3）查找帳戶（見圖3-205），然后選擇查找到的客戶和帳戶，點擊「選擇」鏈接（見圖3-206）。

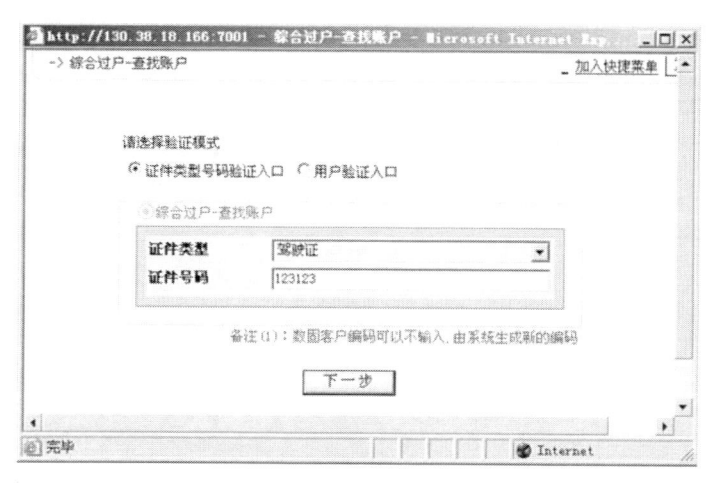

圖 3-205

圖 3-206

（4）在本次過戶中，新建的帳戶ID和帳戶名稱出現在過戶界面中，點擊「過戶」按鈕（見圖3-207）。

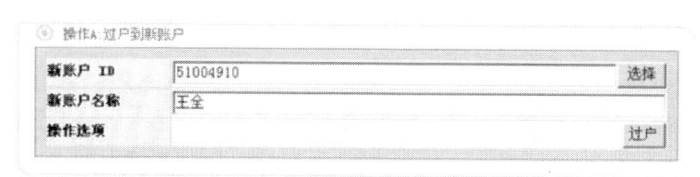

圖 3-207

（5）確認過戶（見圖3-208）。

圖 3-208

(6) 打印工單，提交（見圖3-209）。

综合过户 (10505)

服务号码:13004852632　　　客户名称:何富枝(保险)

申请业务:综合过户　　　　　受理方式:凭密码
受理编号　　11QZ02-20061222-00001[200612000040260]
用户资料　　用户过户(新账户ID=51004910)

受理工号:qchenyq114　　　　受理时间:2006-12-22 10:59:52

[作废]　[打印]　[提交]
　　　打印说明

圖3-209

(7) 過戶完成（見圖3-210）。

提示！
业务受理单已经被提交成功(无费用)。
受理单编号是:200612000040260，流水号是:10051222000167372。

圖3-210

3.5.4.4.5 克隆帳戶

(1) 點擊「營業→綜合變更→綜合過戶」，輸入要過戶的手機號碼，點擊「下一步」（見圖3-211）。

综合过户
服务号码　13004852632

[下一步]

圖3-211

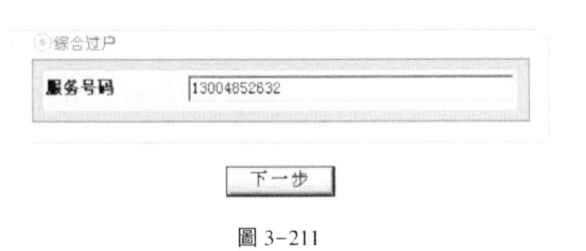

(2) 確認基本資料（見圖3-212）。

圖 3-212

（3）點擊「克隆」按鈕，確認克隆（見圖 3-213）。

圖 3-213

（4）打印工單，提交（見圖 3-214）。

圖 3-214

(5) 打印工單，提交（見圖 3-215）。

圖 3-215

3.5.4.5 呼叫號碼設置

3.5.4.5.1 實驗任務
本實驗擬完成號碼的呼轉類型和呼轉號碼設置。

3.5.4.5.2 實驗說明
呼轉類型包括：遇忙呼轉、不可及呼轉、無應答呼轉、無條件呼轉。

3.5.4.5.3 操作步驟
(1) 點擊「營業→綜合變更→呼轉號碼設置」，輸入服務號碼，點擊「下一步」（見圖 3-216）。

圖 3-216

(2) 確認資料，選擇呼轉類型，輸入呼轉到的號碼，點擊「下一步」（見圖 3-217）。

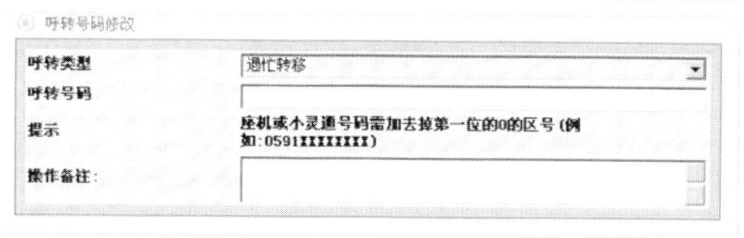

圖 3-217

（3）打印工單，提交（見圖 3-218）。

圖 3-218

（4）呼轉設置成功（見圖 3-219）。

圖 3-219

3.5.4.6 個性信息設置

3.5.4.6.1 實驗任務

設置產品之外的用戶個性信息，包括業務區、IVPMN 網外個人號碼等。

3.5.4.6.2 實驗說明

略。

3.5.4.6.3 操作步驟

(1) 點擊「營業→綜合變更→個性信息設置」，輸入服務號碼，點擊「下一步」(見圖 3-220)。

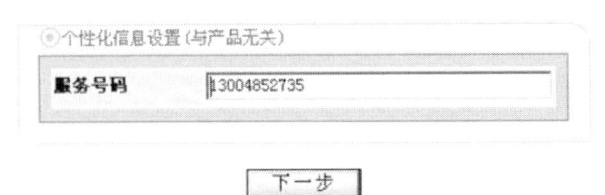

圖 3-220

(2) 修改個性信息，點擊「下一步」(見圖 3-221)。

圖 3-221

(3) 打印工單，提交 (見圖 3-222)。

圖 3-222

（4）設置成功（見圖 3-223）。

圖 3-223

3.5.4.7　子產品變更

3.5.4.7.1　實驗任務

本實驗擬完成變更子產品的操作。

3.5.4.7.2　實驗說明

可以單獨變更子產品，主產品不變。需要單獨增加或變更子產品時使用該功能。

3.5.4.7.3　操作步驟

（1）點擊「營業→綜合變更→子產品變更」，輸入服務號碼，點擊「下一步」（見圖 3-224）。

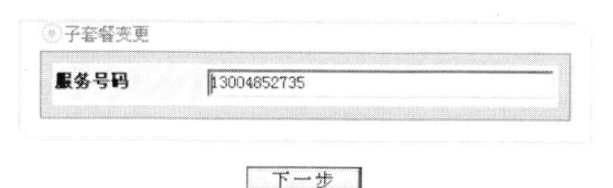

圖 3-224

（2）變更子產品（見圖 3-225）。

圖 3-225

（3）確認子產品，修改個性信息（見圖 3-226）。

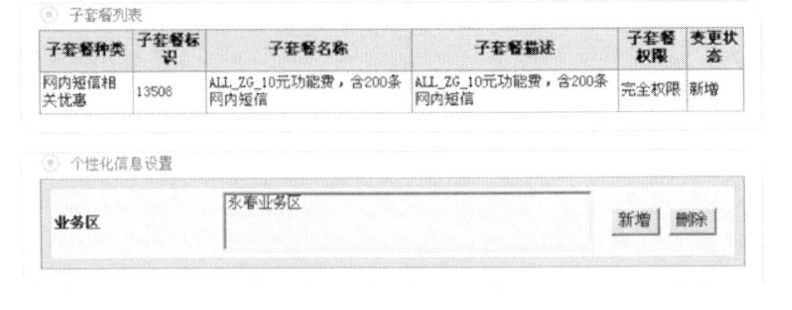

圖 3-226

（4）確定子產品（見圖 3-227）。

圖 3-227

（5）點擊「確定」，打印工單，提交（見圖 3-228）。

圖 3-228

（6）變更成功（見圖 3-229）。

圖 3-229

3.5.4.8　子產品關閉

3.5.4.8.1　實驗任務
本實驗擬完成子產品關閉的操作。

3.5.4.8.2　實驗說明
可以單獨關閉子產品，主產品不變。

3.5.4.8.3　操作步驟
（1）點擊「營業→綜合變更→子產品關閉」，輸入服務號碼，點擊「下一步」（見圖 3-230）。

103

圖 3-230

（2）關閉子產品，去掉子產品列表（選定）的「☑」選項（見圖 3-231）。

圖 3-231

（3）確定關閉子產品（見圖 3-232）。

圖 3-232

（4）點擊「確定」，打印工單，提交（見圖3-233）。

圖 3-233

（5）變更成功（見圖3-234）。

圖 3-234

3.5.4.9　特服來顯功能變更

3.5.4.9.1　實驗任務
本實驗擬完成來顯功能變更的操作。

3.5.4.9.2　實驗說明
單獨對來電顯示特服功能的變更操作。

3.5.4.9.3　操作步驟
（1）點擊「營業→綜合變更→特服來顯功能變更」，輸入服務號碼，點擊「下一步」（見圖3-235）。

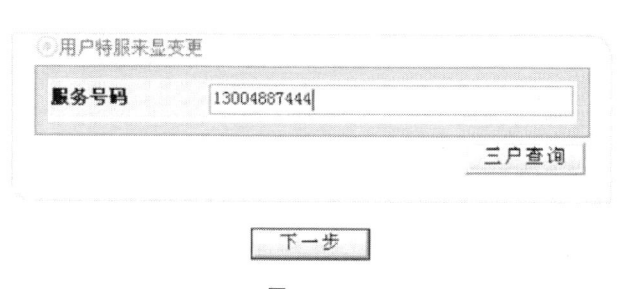

圖 3-235

（2）確認信息，變更特服（見圖3-236）。

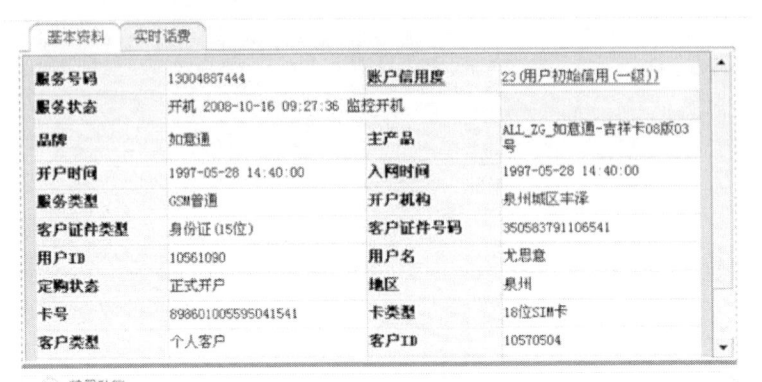

圖3-236

（3）生成免填單（見圖3-237）。

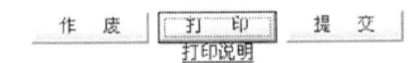

圖3-237

（4）提交（見圖3-238）。

圖3-238

3.5.4.10 退押金

3.5.4.10.1 實驗任務
本實驗擬完成押金的退訂操作。

3.5.4.10.2 實驗說明
當用戶辦理某種業務時需要交押金，當這項業務終止時可以選擇退押金。

3.5.4.10.3 操作步驟
（1）點擊「營業→綜合變更→退押金」，輸入服務號碼，點擊「下一步」（見圖3-239）。

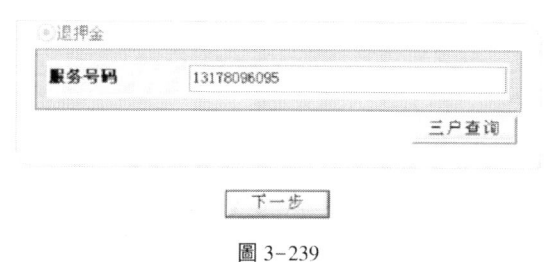

圖 3-239

（2）選中需要退還的押金（見圖3-240）。

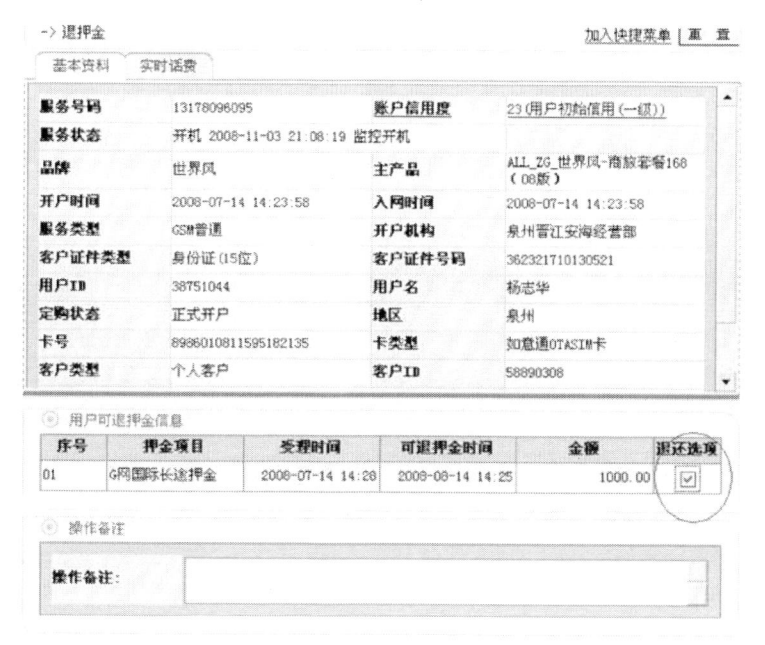

圖 3-240

（3）確認退訂金額（見圖3-241）。

图 3-241

（4）生成免填单（见图 3-242）。

图 3-242

（5）提交（见图 3-243）。

图 3-243

3.5.4.11 数固资料变更

3.5.4.11.1 实验任务

本实验拟完成数固资料的变更操作。

3.5.4.11.2 实验说明

变更用户名称、接入地址、用户联系人、用户联系电话、服务等级、IP地址、MAC地址等信息。

3.5.4.11.3 操作步骤

（1）点击「营业→综合变更→数固资料变更」，输入服务号码，点击「下一步」（见图 3-244）。

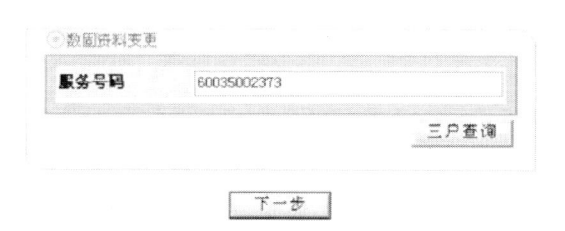

圖 3-244

（2）數固資源裡的信息都可以變更（見圖 3-245）。

圖 3-245

（3）生成免填單（見圖 3-246）。

圖 3-246

（4）提交（見圖3-247）。

圖3-247

3.6 實驗6 密碼維護

3.6.1 實驗目的

本實驗要求學生熟練掌握各種密碼的復位、變更、解鎖等操作。

3.6.2 準備知識

業務密碼是運營商客戶的身分識別密碼，由6位阿拉伯數字組成（0~9）。其僅用於業務查詢類和部分業務受理類，對涉及交易性質的業務受理項目，除了要提供服務密碼外，還必須提供有效證件方能辦理。

3.6.3 實驗準備

需要已經做過開戶入網過程的號碼。

3.6.4 實驗內容及步驟

3.6.4.1 業務密碼復位

3.6.4.1.1 實驗任務
本實驗擬完成對業務密碼的復位操作。
3.6.4.1.2 實驗說明
業務受理用的用戶密碼遺忘時，可以憑藉相關證件到營業廳辦理密碼重置業務。
3.6.4.1.3 操作步驟
（1）點擊「營業→密碼維護→業務密碼復位」，輸入服務號碼（見圖3-248）。

圖3-248

（2）系統帶出資料供核查，輸入兩遍新密碼並確認（見圖3-249）。

圖3-249

（3）打印免填單，提交（見圖3-250）。

圖3-250

3.6.4.1.4 注意事項

注意：用戶處於在網、IN充值期、PPC有效期和保留期狀態可以受理本業務，其他狀態不可受理。

3.6.4.2 業務密碼變更

3.6.4.2.1 實驗任務

本實驗擬完成業務受理用的用戶密碼的變更操作。

3.6.4.2.2 實驗說明

業務受理用的用戶密碼，用戶憑藉相關證明到營業廳辦理密碼變更業務，必

須提供正確的舊密碼才能變更。

3.6.4.2.3　操作步驟

（1）點擊「營業→密碼維護→業務密碼變更」，輸入服務號碼（見圖3-251）。

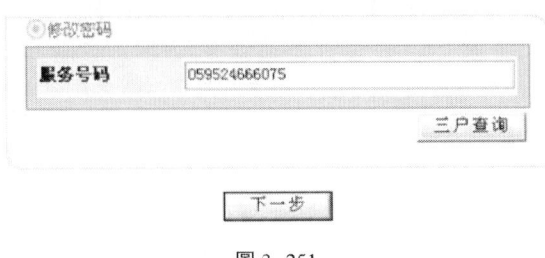

圖3-251

（2）系統帶出資料供核對，輸入舊密碼驗證，驗證通過後輸入新密碼並確認（見圖3-252）。

圖3-252

（3）打印免填單，提交（見圖3-253）。

業務密碼變更（10702）

圖 3-253

3.6.4.3 業務密碼解鎖

3.6.4.3.1 實驗任務

本實驗擬完成被鎖定業務密碼的解鎖。

3.6.4.3.2 實驗說明

（1）針對一個用戶一天之內密碼驗證錯誤的次數不超過 5 次（包含 5 次，次數可配置），達到 5 次則鎖定密碼，不允許再次受理，並提示「您當天服務密碼輸入錯誤超過 5 次，為了保障您的權益，現系統予以鎖定。」

次日自動解鎖，即允許憑密碼受理。錯誤次數不清零，按天鎖定同時給用戶發送短信，短信內容為「尊敬的客戶，您當天服務密碼輸入錯誤超過 5 次，為了保障您的權力，現系統予以鎖定。明天系統會自動解鎖，詳情請諮詢 10010。」

（2）一個用戶一個月密碼驗證錯誤的次數不超過 N 次（N 可配置，暫定 100），達到 N 次，則鎖定密碼，不允許再次受理，提示為「您當月服務密碼輸入錯誤超過最大次數，為了保障您的權利，現系統予以鎖定，請您隨帶有效證件到營業廳進行解鎖」。

（3）營業界面提供密碼解鎖功能，解鎖同時對之前的錯誤次數清零。

系統能區分鎖定狀態：日鎖定（次日自動解鎖）和月鎖定（不自動解鎖），密碼解鎖針對以上兩種鎖定狀態。如果是上個月用戶密碼已經被月鎖定了，跨月是可以自動解鎖的。

3.6.4.3.3 操作步驟

（1）點擊「營業→密碼維護→業務密碼解鎖」，輸入服務號碼，點擊「下一步」（見圖 3-254）。

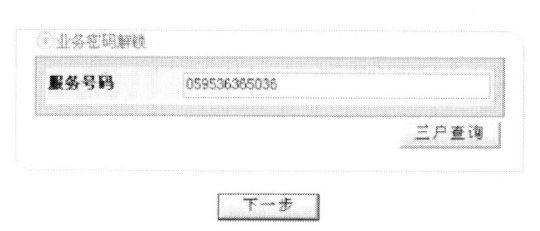

圖 3-254

（2）系統帶出用戶資料供核查，選擇解鎖類型並確認（見圖3-255）。

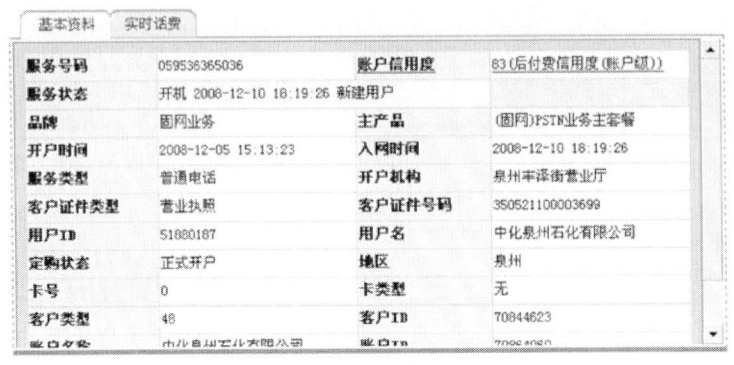

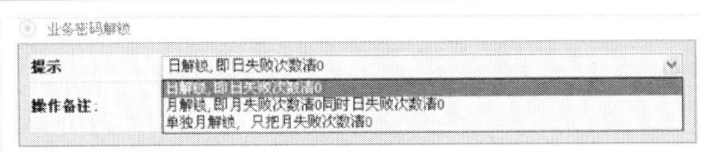

圖3-255

（3）打印免填單，提交（見圖3-256）。

圖3-256

3.6.4.4　操作員密碼變更

3.6.4.4.1　實驗任務

本實驗擬完成操作員預登錄密碼和操作密碼的修改，以及手機號和驗證安全信息的修改。

3.6.4.4.2　實驗說明

略。

3.6.4.4.3　操作步驟

（1）點擊「營業→密碼維護→操作員密碼變更」，打開「操作員相關信息修

改」界面（如圖3-257）。

（2）依次輸入舊密碼、新密碼、新密碼確認等信息，點擊修改按鈕。

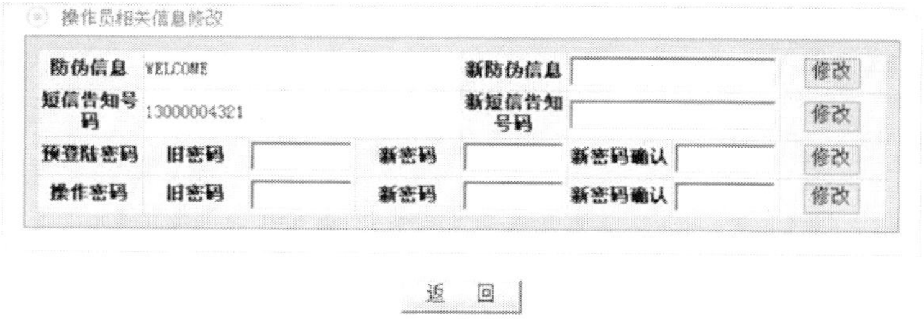

圖3-257

3.7 實驗7 銷戶離網

3.7.1 實驗目的

本實驗要求學生掌握移動網路及寬帶用戶在各種情況下的銷戶離網的相關操作。

3.7.2 準備知識

銷戶離網即當客戶（用戶）不再使用運營商的業務或服務時，在運營商運營支撐系統中清除客戶（用戶）相關數據，釋放客戶占用的相應資源的過程。這種操作可能是客戶主動申請的，也可能是運營商在客戶出現惡意欠費時被迫採取的。

3.7.3 實驗準備

需要已經做過開戶入網過程的號碼。

3.7.4 實驗內容及步驟

3.7.4.1 預銷戶

3.7.4.1.1 實驗任務
本實驗擬完成移動號碼的預銷戶操作。

3.7.4.1.2 實驗說明
預銷戶功能是用戶主動到營業廳進行預銷戶的辦理，辦理后用戶狀態為預銷戶停機。如果一個月內用戶沒有取消預銷戶的，可以到前臺進行預銷戶取消。如果用戶確認要銷戶，則進行預銷戶受理操作一個月後到營業廳辦理銷戶離網。

3.7.4.1.3 操作步驟
（1）點擊「營業→銷戶離網→預銷戶」，輸入服務號碼，點擊「下一步」（見圖3-258）。

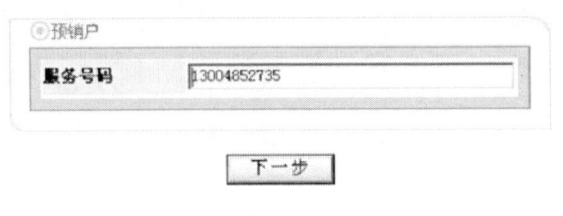

圖 3-258

（2）核實資料，點擊「下一步」（見圖 3-259）。

圖 3-259

（3）確認預銷戶（見圖 3-260）。

圖 3-260

（4）打印工單，提交（見圖 3-261）。

預銷戶（10601）

服務號碼：13004852735　　　　客戶名稱：null
申請業務：預銷戶　　　　　　　受理方式：憑密碼
受理編號：11QZ02-20061222-00002[200612000040337]
業務描述：受理預銷戶業務，可銷戶日期:20070126/n備註:預銷戶後35天攜帶相關証件至營業廳辦理銷戶手續
用戶資料：用戶狀態操作類型:(預約銷戶停機)，用戶服務狀態變更為:(停機)用戶預約銷戶，可銷戶日期:2007年01月26日

受理工號：qchenyq114　　　　受理時間：2006-12-22 14:39:25

[作廢] [打印] [提交]
打印說明

圖 3-261

（5）預銷戶成功（見圖 3-262）。

提示！
業務受理單已經被提交成功(無費用)。
受理單編號是：200612000040337，流水號是：10061222000167924。

圖 3-262

3.7.4.2　預銷戶取消

3.7.4.2.1　實驗任務
本實驗擬完成取消號碼的預銷戶狀態操作。

3.7.4.2.2　實驗說明
已經辦理預銷戶的號碼，在退網銷戶之前，如果想繼續使用，即可取消預銷戶，恢復到正常使用的狀態。辦理預銷戶的反操作後，用戶狀態為預銷戶開機。

3.7.4.2.3　操作步驟
（1）點擊「營業→銷戶離網→預銷戶取消」，輸入服務號碼，點擊「下一步」（見圖 3-263）。

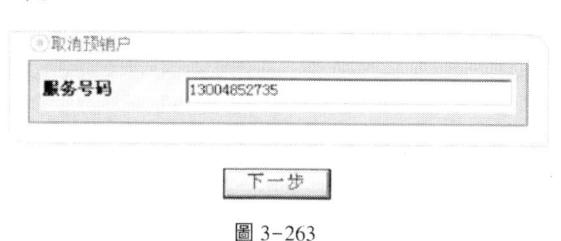

取消預銷戶
服務號碼　13004852735

[下一步]

圖 3-263

(2) 核對基本資料，點擊「下一步」(見圖3-264)。

圖3-264

(3) 打印工單，提交 (見圖3-265)。

圖3-265

(4) 預銷戶取消完成 (見圖3-266)。

圖3-266

3.7.4.3 退網銷戶

3.7.4.3.1 實驗任務
本實驗擬完成退網銷戶操作。

3.7.4.3.2 實驗說明
根據業務規定，預銷戶達到約定的天數（35 天）之後，方可辦理退網銷戶。辦理后用戶狀態為退網銷戶，退網銷戶可同時退押金和預存款。

3.7.4.3.3 操作步驟
（1）點擊「營業→銷戶離網→退網銷戶」，輸入服務號碼，點擊「下一步」（見圖 3-267）。

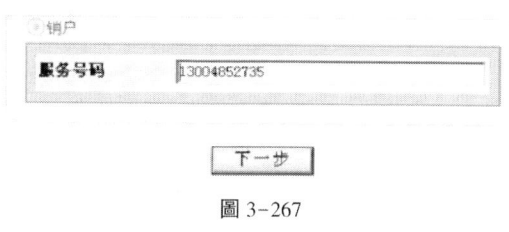

圖 3-267

（2）核對基本資料，點擊「下一步」（見圖 3-268）。

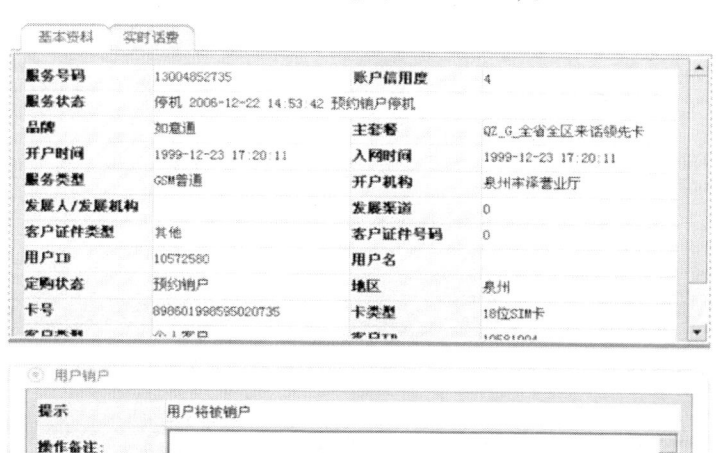

圖 3-268

（3）預銷戶提交成功（見圖 3-269）。

圖 3-269

3.7.4.4 強拆銷號

3.7.4.4.1 實驗任務
本實驗擬完成強制拆機銷號操作。

3.7.4.4.2 實驗說明
移動用戶銷戶規則要求欠費停機3個月以上，或停機保號6個月，或申掛停機6個月，且帳戶沒有餘額的用戶在此菜單受理操作。強拆后用戶狀態為強拆銷戶，強拆銷戶不退押金，不退預存款。

3.7.4.4.3 操作步驟
（1）點擊「營業→銷戶離網→強拆銷號」，輸入服務號碼，點擊「下一步」（見圖3-270）。

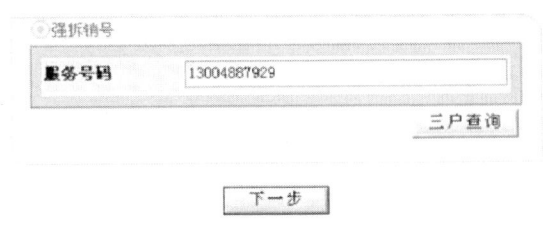

圖 3-270

（2）核實基本資料，點擊「下一步」（見圖3-271）。

圖 3-271

（3）打印工單，提交（見圖3-272）。

圖3-272

（4）強拆銷號提交成功（見圖3-273）。

圖3-273

3.7.4.5 取消預開戶

3.7.4.5.1 實驗任務
本實驗擬完成對已配號未上網的預開戶用戶進行取消預開戶操作。

3.7.4.5.2 實驗說明
對已配號未上網的預開戶用戶，即號碼尚未激活的用戶，對其取消預開戶將會使該號碼回收，使該用戶處於未開戶狀態，解除客戶、帳戶與該號碼的關聯。

3.7.4.5.3 操作步驟
（1）點擊「營業→銷戶離網→取消預開戶」，輸入服務號碼，點擊「下一步」（見圖3-274）。

圖3-274

（2）查看用戶信息，點「下一步」操作（見圖3-275）。

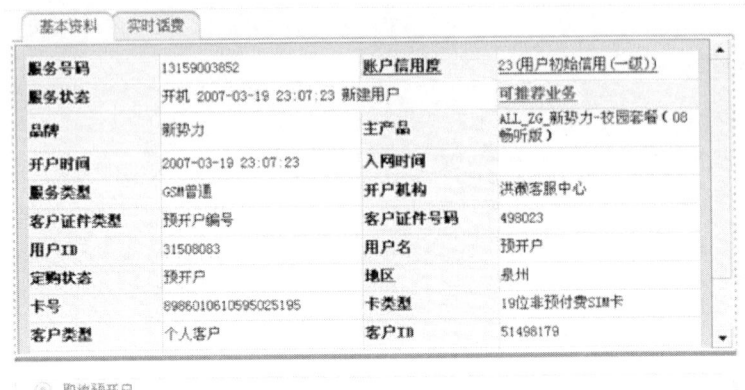

圖3-275

（3）確認操作（見圖3-276）。

圖3-276

（4）打印工單，提交確認（見圖3-277）。

圖3-277

（5）提交成功之後，可以點擊受理單的鏈接，查看工單詳細信息（見圖3-278）。

圖 3-278

3.8　實驗 8　活動管理

3.8.1　實驗目的

本實驗要求學生掌握用戶參與運營商各種活動的相關操作。

3.8.2　準備知識

活動是指運營商為了提高新用戶的入網率和老用戶的忠誠度，不定期推出的一些優惠活動。運營商根據市場營銷策略會設計提供多種活動，比如充話費送禮品、買手機送話費等，目的是增加老客戶的黏性，吸引新客戶，增加客戶體驗等，從而提高運營商的市場佔有率。

3.8.3　實驗準備

需要已經做過開戶入網過程的號碼。

3.8.4　實驗內容及步驟

3.8.4.1　活動受理

3.8.4.1.1　實驗任務

本實驗擬完成活動受理操作。

3.8.4.1.2　實驗說明

受理的不同活動可能會出現某些不一樣的頁面，其中每個活動的規則設置、參與範圍、享受優惠情況等都各不相同。要求能夠體會各種活動設置的目的。

3.8.4.1.3　操作步驟

（1）點擊「營業→活動管理→活動受理」，輸入服務號碼，點擊「下一步」（見圖 3-279）。

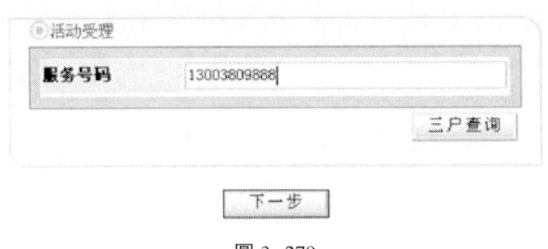

圖 3-279

（2）點擊「活動選擇」，會彈出一個活動選擇的頁面（見圖 3-280）。

圖 3-280

（3）選擇要受理的活動類型，點擊「下一步」（見圖 3-281）。

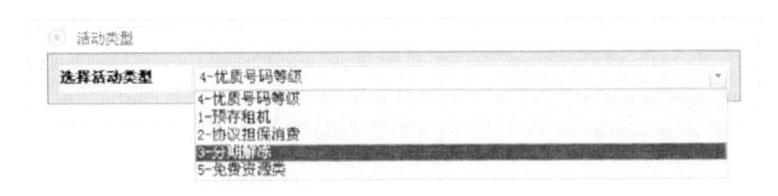

圖 3-281

（4）選擇要受理的活動方案（可以看到活動目錄 ID、活動目錄名稱以及該活動目錄的簡要及詳細的中文描述），點擊「下一步」（見圖 3-282）。

-> 活動受理-選擇活動方案

圖 3-282

（5）可以到該活動目錄下的活動方案中選擇一個活動方案（見圖 3-283）。

圖 3-283

（6）頁面會再次跳回到第 2 步「活動選擇」頁面，可以看到這個活動的具體信息，點擊「下一步」（見圖 3-284）。

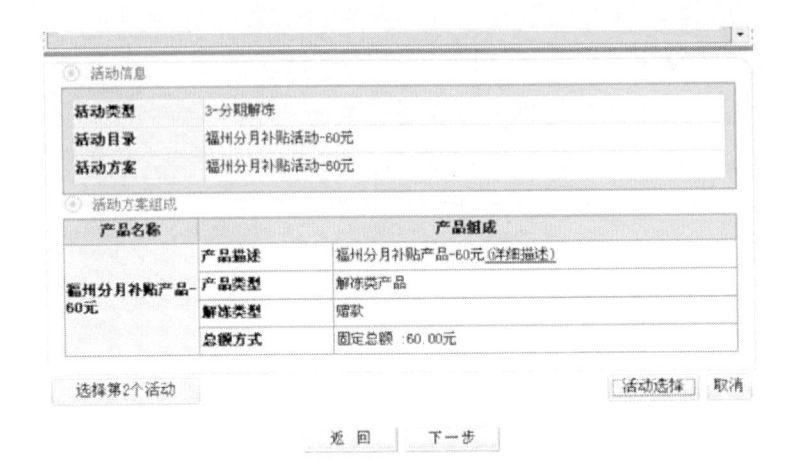

圖 3-284

（7）選擇「活動方案的生效帳期」（見圖 3-285）。

圖 3-285

（8）確認該收費操作（見圖 3-286）。

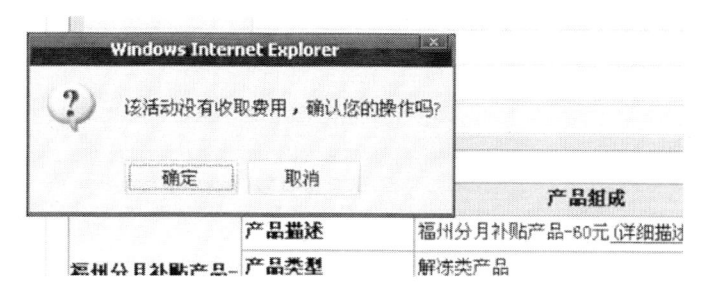

圖 3-286

(9) 確定，打印工單，然後提交（見圖 3-287）。

圖 3-287

(10) 提交成功，成功受理活動（見圖 3-288）。

圖 3-288

(11) 點擊流水號的鏈接可以看到受理活動的具體信息（見圖 3-289）。

圖 3-289

3.8.4.2 活動預約

3.8.4.2.1 實驗任務
本實驗擬完成活動預約操作。

3.8.4.2.2 實驗說明
對於一些活動，可以通過本菜單功能實現不同生效的帳期，從而實現活動預約。

3.8.4.2.3 操作步驟
（1）點擊「營業→活動管理→活動預約」，輸入服務號碼，點擊「下一步」（見圖 3-290）。

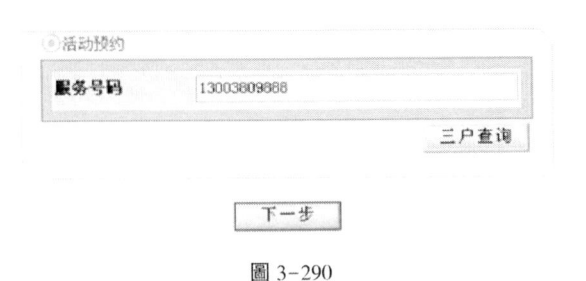

圖 3-290

（2）可以看到用戶的活動訂購列表，點擊「活動選擇」（見圖 3-291）。

活動定購列表

活動編號	活動類型	活動方案ID	活動方案名稱	創建日期	生效時間	失效日期	受理機構	操作員	未劃撥總額(元)	約定到期時間	預計到期時間
6472396	3-分期解凍	100129	福州分月補貼活動-60元	2009-06-05 10:30:50	2009-06-05 10:30:50	2009-06-05	福州鼓樓東街自有營業廳	21		2010-06-01 00:00:00	2010-06-01 00:00:00
6472398	3-分期解凍	100158	廈門存60送60活動	2009-06-05 10:47:46	2009-06-05 10:47:46	2037-01-01	福州鼓樓東街自有營業廳	21	60	2010-07-01 00:00:00	2010-07-01 00:00:00
6472400	2-協議擔保消費	100948	保底消費198元活動	2009-06-05 10:49:16	2009-06-05 10:49:16	2037-01-01	福州鼓樓東街自有營業廳	21		2009-12-01 00:00:00	2009-12-01 00:00:00

活動續約列表

活動編號	活動類型	活動方案ID	活動方案名稱	預約日期	預約狀态

沒有記錄

免費資源產品

定購ID	活動定購ID	免費資源產品ID	預存款值	免費量類型	免費量	創建日期	生效日期	實際失效日期	預計失效時間	受理機構	操作員	備註

沒有記錄

已經預約的活動

活動信息

活動類型	
活動目錄	
活動方案	

[活動選擇] [取消]

[返回] [下一步]

圖 3-291

(3) 選擇活動類型（見圖 3-292）。

活動類型

選擇活動類型： 4-优质号码等级
- 4-优质号码等级
- 1-預存租機
- 2-協議擔保消費
- 3-分期解凍
- 5-免費資源類

圖 3-292

（4）選擇活動方案，點擊「下一步」（見圖 3-293）。

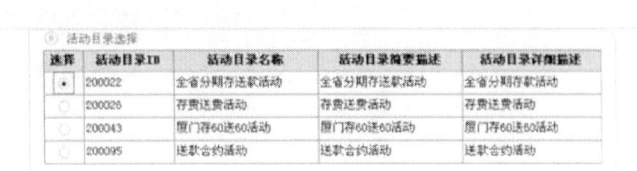

圖 3-293

（5）可以看到具體的活動信息、活動的方案組成，確認無誤，點擊「下一步」（見圖 3-294）。

圖 3-294

（6）選擇活動方案失效帳期、營業業務收費等，確認無誤後，點擊「下一步」（見圖 3-295）。

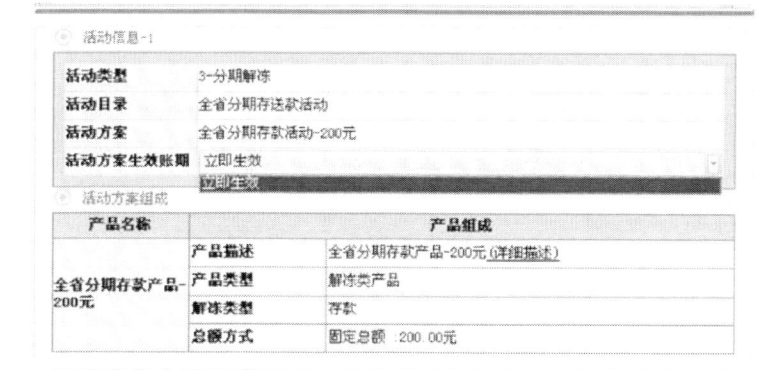

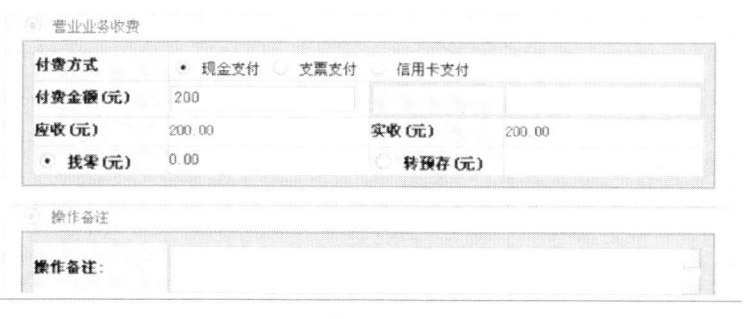

圖 3-295

（7）確認收費操作（見圖 3-296）。

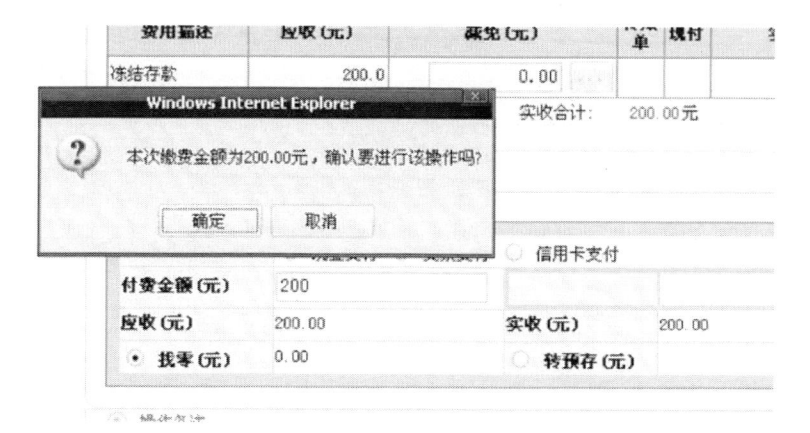

圖 3-296

（8）確認后，打印工單，然后提交（見圖 3-297）。

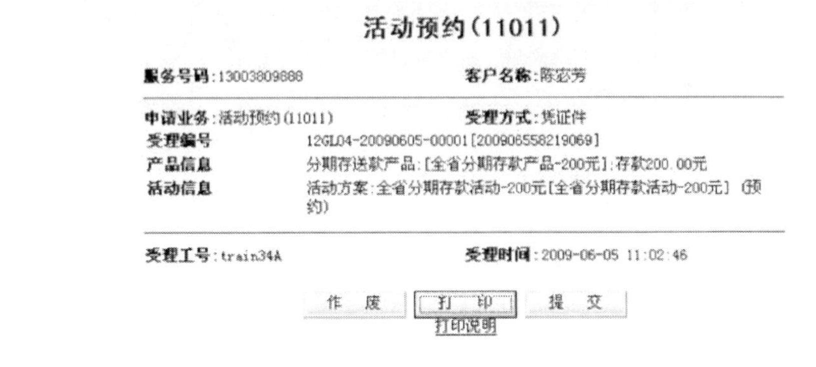

活动预约(11011)

服务号码:13003809888　　客户名称:陈宓芳

申请业务:活动预约(11011)　　受理方式:凭证件

受理编号　12GL04-20090605-00001[200906558219069]

产品信息　分期存送款产品:[全省分期存款产品-200元]:存款200.00元

活动信息　活动方案:全省分期存款活动-200元[全省分期存款活动-200元]（预约）

受理工号:train34A　　受理时间:2009-06-05 11:02:46

作 废　打 印　提 交

打印说明

圖 3-297

（9）提交成功，打印收據.（見圖 3-298）。

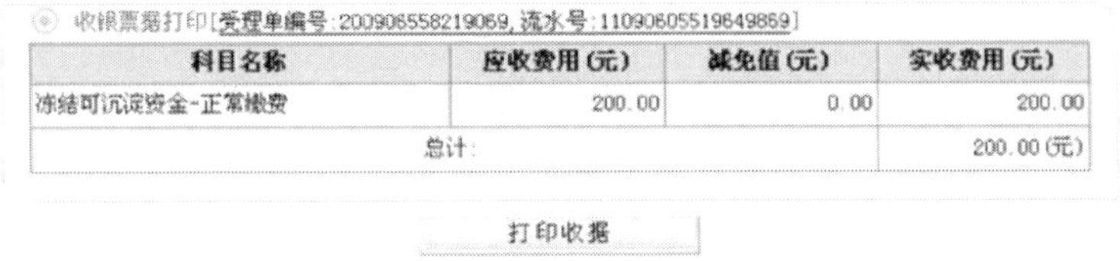

收银票据打印[受理单编号:200906558219069,流水号:11090605519649869]

科目名称	应收费用(元)	减免值(元)	实收费用(元)
冻结可沉淀资金-正常缴费	200.00	0.00	200.00
总计:			200.00(元)

打印收据

圖 3-298

（10）點擊流水號的鏈接可以看到辦理業務的具體信息（見圖 3-299）。

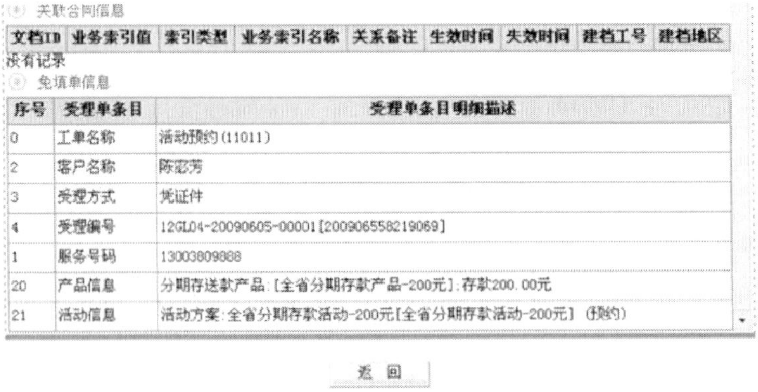

关联合同信息

文档ID	业务索引值	索引类型	业务索引名称	关系备注	生效时间	失效时间	建档工号	建档地区

没有记录

免填单信息

序号	受理单条目	受理单条目明细描述
0	工单名称	活动预约(11011)
2	客户名称	陈宓芳
3	受理方式	凭证件
4	受理编号	12GL04-20090605-00001[200906558219069]
1	服务号码	13003809888
20	产品信息	分期存送款产品:[全省分期存款产品-200元]:存款200.00元
21	活动信息	活动方案:全省分期存款活动-200元[全省分期存款活动-200元]（预约）

返 回

圖 3-299

3.8.4.3　活動註銷

3.8.4.3.1　實驗任務

本實驗擬完成活動註銷操作。

3.8.4.3.2 實驗說明

對已經完結的活動或某些正在使用的優惠活動進行註銷。

3.8.4.3.3 操作步驟

(1) 點擊「營業→活動管理→活動註銷」，輸入服務號碼，點擊「下一步」（見圖3-300）。

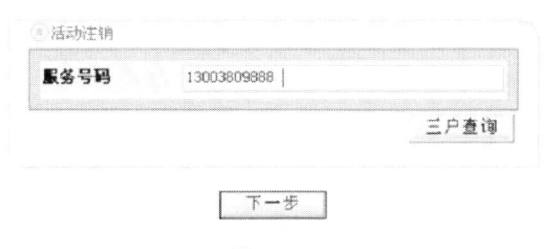

圖 3-300

(2) 可以看到用戶的基本信息、活動訂購列表、註銷的活動等（見圖3-301）。

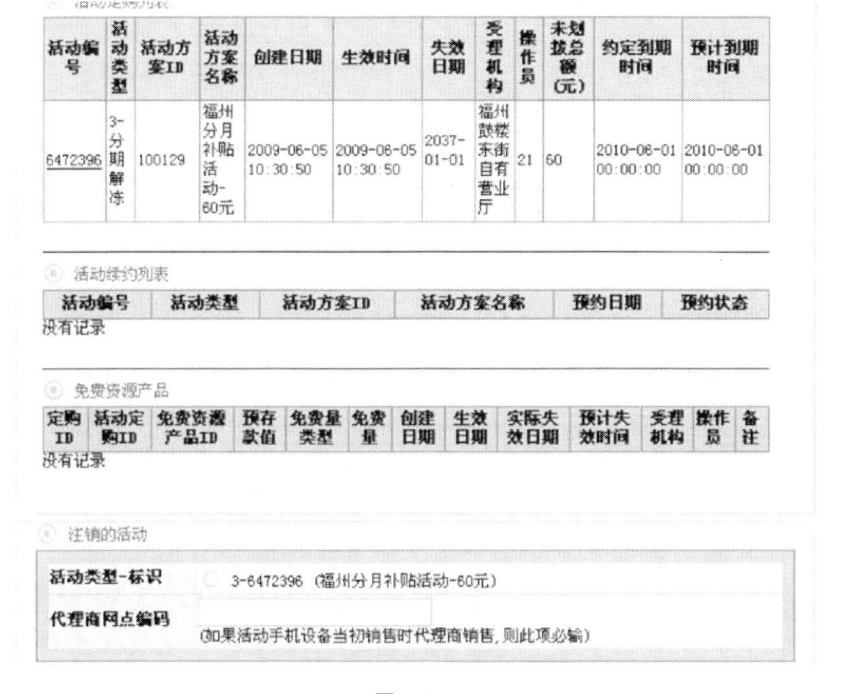

圖 3-301

(3) 選擇「註銷的活動→活動類型→標示」點擊「下一步」，確認是否註銷該活動（見圖3-302）。

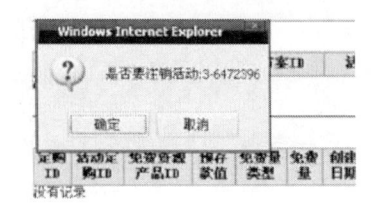

圖 3-302

（4）確認后，打印工單，然后提交（見圖 3-303）。

圖 3-303

（5）提交成功（見圖 3-304）。

圖 3-304

（6）點擊流水號的鏈接可以看到受理活動的具體信息（見圖 3-305）。

圖 3-305

3.8.4.4 換機

3.8.4.4.1 實驗任務
本實驗擬完成活動換機操作。

3.8.4.4.2 實驗說明
對之前活動中獲得的贈機或活動中購買的手機，通過本功能實現同代理商和同機型更換。

3.8.4.4.3 操作步驟

（1）點擊「營業→活動管理→活動換機」，輸入服務號碼，點擊「下一步」（見圖3-306）。

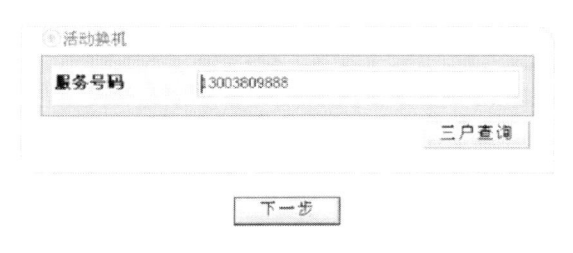

圖3-306

（2）可以看到用戶的基本信息、活動訂購列表、註銷的活動等。選擇「註銷的活動→活動類型→標示」，填寫新的手機號（可參見活動註銷功能操作步驟。註：必須是同代理商、同型號的手機）。

圖3-307

3.8.4.5 活動提前終止

3.8.4.5.1 實驗任務
本實驗擬完成活動提前終止操作。

3.8.4.5.2 實驗說明
對於已參與的活動還沒有到最後的帳期，需要提前停止該項活動時，使用本菜單。

3.8.4.5.3 操作步驟
（1）點擊「營業→活動管理→活動提前終止」，輸入服務號碼，點擊「下一步」。
（2）可以看到用戶的具體的活動信息。
（3）選擇要終止的活動，點擊「下一步」，確認無誤后，點擊「確定」。
（4）生成免填單，打印，提交。
（5）提交成功。
（6）點擊流水號的鏈接可以看到受理活動的具體信息。

3.8.4.6 活動預約取消

3.8.4.6.1 實驗任務
本實驗擬完成取消活動預約的操作。

3.8.4.6.2 實驗說明
對已預約的活動進行取消或退訂。

3.8.4.6.3 操作步驟
（1）點擊「營業→活動管理→活動預約取消」，輸入服務號碼，點擊「下一步」（見圖 3-308）。

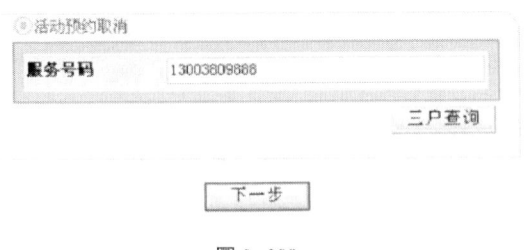

圖 3-308

（2）可以看到用戶具體的活動信息。
（3）選擇要取消的活動，點擊「下一步」，確認無誤后，確定（見圖 3-309）。

圖 3-309

（4）生成免填單，打印，提交（見圖 3-310）。

圖 3-310

（5）打印收據（見圖 3-311）。

圖 3-311

（6）點擊流水號的鏈接可以看到受理活動的具體信息（見圖 3-312）。

圖 3-312

3.8.4.7 積分購機

3.8.4.7.1 實驗任務

本實驗擬完成積分購機操作。

3.8.4.7.2 實驗說明

根據活動規則，憑積分可兌換一定的購機費用，以購買相應機型。

3.8.4.7.3 操作步驟

（1）在積分購機菜單下，輸入用戶的服務號碼，點擊「下一步」（見圖 3-313）。

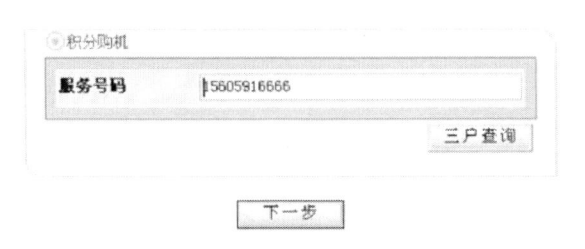

圖 3-313

（2）查看用戶基本信息，選擇手機類型及手機串號，確認無誤點擊「下一步」（見圖 3-314）。

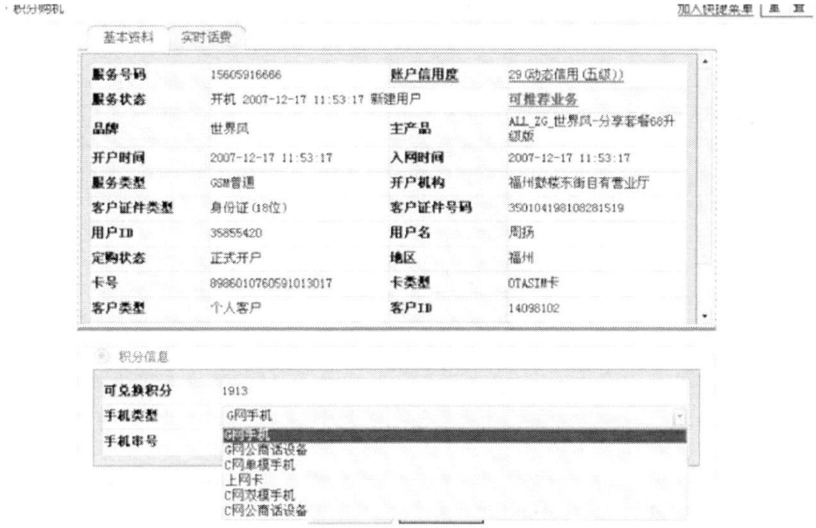
积分购机
加入快捷菜单 | 单 页
基本资料
实时话费
服务号码
15605916666
账户信用度
29(动态信用(五级))
服务状态
开机 2007-12-17 11:53:17 新建用户
可推荐业务
品牌
世界风
主产品
ALL_ZG_世界风-分享套餐68升级版
开户时间
2007-12-17 11:53:17
入网时间
2007-12-17 11:53:17
服务类型
GSM普通
开户机构
福州鼓楼东街自有营业厅
客户证件类型
身份证(18位)
客户证件号码
350104198108281519
用户ID
35855420
用户名
周扬
定购状态
正式开户
地区
福州
卡号
89860107605910 13017
卡类型
OTASIM卡
客户类型
个人客户
客户ID
14098102
积分信息
可兑换积分
1913
手机类型
G网手机
手机串号
G网手机
G网公商话设备
C网单模手机
上网卡
C网双模手机
C网公商话设备

圖 3-314

4 CRM 帳務處理實驗

帳務處理部分主要完成與帳務相關的各項業務操作，包括普通存款、普通送款、資金轉帳，以及帳單、詳單打印等相關內容。

4.1 實驗 1 存款繳費

4.1.1 實驗目的

熟練掌握各類存款操作以及各種帳本帳戶的操作。

4.1.2 準備知識

在運營商的前臺，操作人員會面對真實的客戶完成各種資金的操作，如繳費存款、送款退款等，還可能需要對客戶的帳本做資金操作。

4.1.3 實驗準備

需要已經做過開戶入網過程的號碼。

4.1.4 實驗內容及步驟

4.1.4.1 普通存款

4.1.4.1.1 實驗任務
本實驗擬完成用戶到營業廳辦理存款業務的操作。

4.1.4.1.2 實驗說明
普通存款與合約存送款操作不同，主要是用戶到營業廳直接辦理存款的業務，所存金額直接增加到用戶帳戶的默認帳本上，支持現金、支票、信用卡三種支付方式。

4.1.4.1.3 操作步驟
（1）輸入存款的服務號碼（見圖 4-1）。

圖 4-1

（2）輸入存款金額，選擇支付方式（見圖 4-2）。

圖 4-2

（3）確認存款操作（見圖 4-3）。

圖 4-3

（4）打印收據。

4.1.4.2　普通存/送款衝正

4.1.4.2.1　實驗任務
本實驗擬完成用戶存送款的衝正操作。

4.1.4.2.2　實驗說明
針對可能的存款和送款誤操作，實現普通存款和普通送款的回退操作。

141

4.1.4.2.3 操作步驟

（1）進入 Web 前臺后，點擊「帳務→綜合帳務→普通存/送款衝正」，輸入服務號碼（見圖 4-4）。

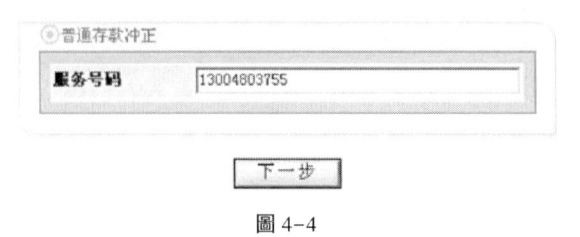

圖 4-4

（2）顯示輸入的服務號碼對應的帳戶信息，以及普通存/送款衝正的查詢界面（見圖 4-5）。

圖 4-5

（3）點擊「查詢流水號」按鈕，彈出繳費流水記錄窗口（見圖 4-6）。

圖 4-6

（4）雙擊要衝正的流水記錄，確認選擇（見圖4-7）。

圖 4-7

（5）點擊「確定」，繳費的流水號以及金額就會被查詢出來並顯示在操作界面上（見圖4-8）。

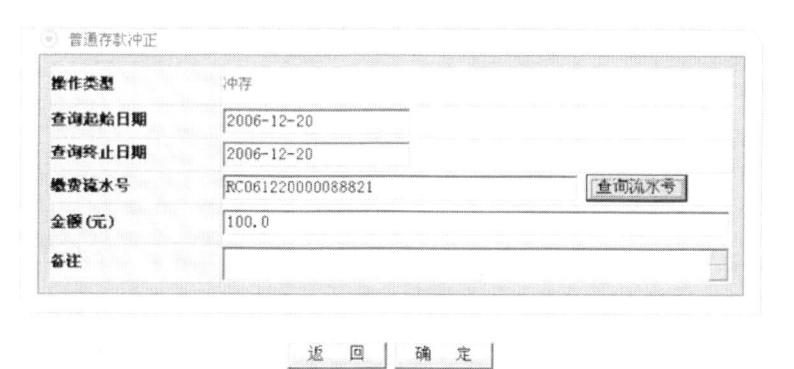

圖 4-8

（6）點擊「確定」，完成衝正操作（見圖4-9）。

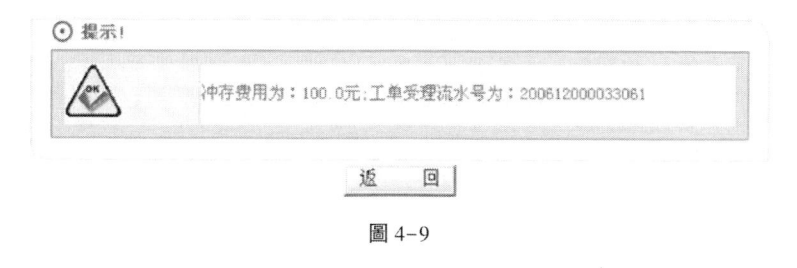

圖 4-9

4.1.4.3　普通送款

4.1.4.3.1　實驗任務
本實驗擬完成普通送款操作。

4.1.4.3.2　實驗說明
根據運營商相應規定，實現獎勵用戶的送款功能，送款到用戶的默認帳本。

4.1.4.3.3　操作步驟
（1）點擊「帳務→綜合帳務→普通送款」，進入普通送款界面，輸入服務號碼（見圖4-10）。

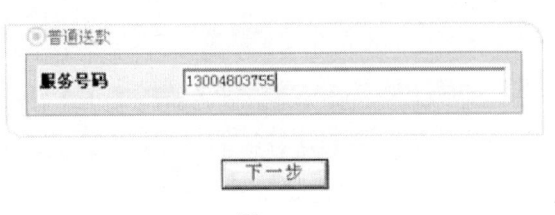

圖 4-10

（2）顯示帳戶基本情況以及帳本金額，輸入送款金額（見圖 4-11）。

圖 4-11

（3）點擊「確定」（見圖 4-12）。

圖 4-12

（4）送款成功（見圖 4-13）。

圖 4-13

4.1.4.4 專用帳本存款

4.1.4.4.1 實驗任務
本實驗擬完成對專用帳本進行存款操作。

4.1.4.4.2 實驗說明
普通資金存款可以充抵各種費用，專用帳本只能用於指定類型的消費。

4.1.4.4.3 操作步驟

（1）點擊「帳務→綜合帳務→專用帳本存款」，進入專用帳本存款界面，輸入服務號碼，點擊「下一步」（見圖4-14）。

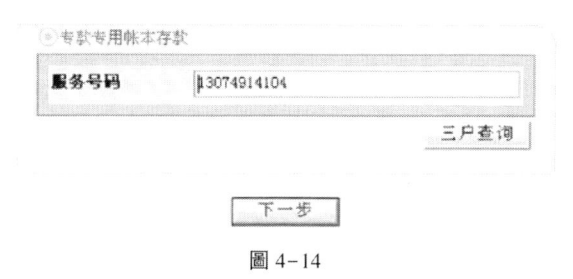

圖 4-14

（2）顯示帳戶基本情況以及帳本金額，選擇帳本，輸入金額，點擊確認（見圖4-15）。

圖 4-15

（3）點擊「確定」（見圖4-16）。

圖 4-16

(4) 打印。

4.1.4.5 專用帳本存款衝正

4.1.4.5.1 實驗任務

本實驗擬實現用戶專用帳本存款的衝正，是專用帳本存款的回退操作。

4.1.4.5.2 實驗說明

在對專用帳本存款出現誤操作或需要撤銷之前的專用帳本存款的操作。

4.1.4.5.3 操作步驟

(1) 點擊「帳務→綜合帳務→專用帳本存款衝正」，進入專用帳本存款衝正界面，輸入服務號碼，點擊「下一步」(見圖 4-17)。

圖 4-17

(2) 點擊查詢繳費流水號，雙擊需衝正的繳費流水號 (見圖 4-18)。

圖 4-18

(3) 點擊「確定」(見圖 4-19)。

圖 4-19

（4）輸入備註，點擊「確定」（見圖 4-20）。

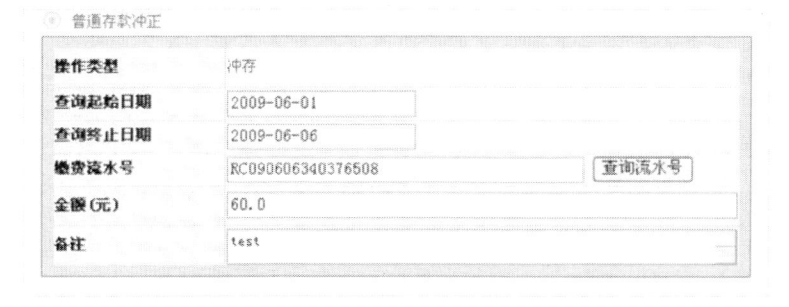

圖 4-20

（5）點擊「確定」（見圖 4-21）。

圖 4-21

（6）打印。

4.1.4.6 跨帳戶資金轉帳

4.1.4.6.1 實驗任務

本實驗擬完成跨帳戶資金轉帳操作。

4.1.4.6.2 實驗說明

根據內部規則，只能在不同帳戶的相同帳本科目之間實現資金轉移。

4.1.4.6.3 操作步驟

（1）點擊「帳務→綜合帳務→跨帳戶資金轉帳」，進入跨帳戶資金轉帳界面，輸入轉出服務號碼，點擊「下一步」（見圖 4-22）。

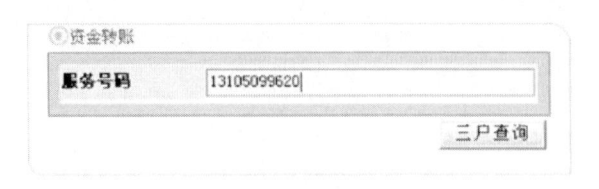

圖 4-22

（2）輸入轉入資金的業務號碼，點擊「下一步」（見圖 4-23）。

圖 4-23

（3）選擇轉出帳戶資金帳本，填寫轉帳金額和備註，點擊「確定」（見圖 4-24）。

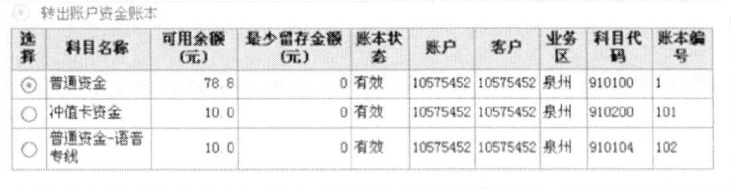

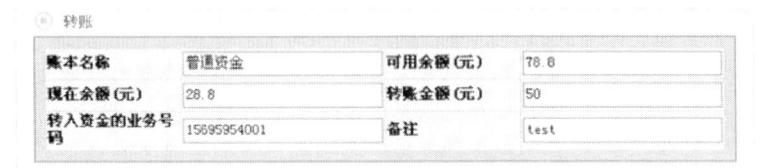

圖 4-24

（4）點擊「確定」（見圖 4-25）。

圖 4-25

(5) 操作成功（見圖 4-26）。

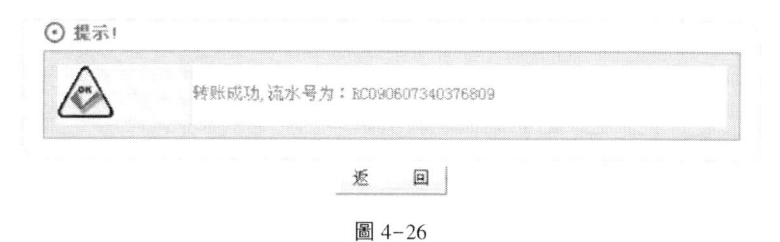

圖 4-26

4.1.4.7 按月存款

4.1.4.7.1 實驗任務
本實驗擬完成按月存款操作。

4.1.4.7.2 實驗說明
一方面實現指定月存款，另一方面清還指定月欠費。

4.1.4.7.3 操作步驟

（1）點擊「帳務→綜合帳務→按月存款」，進入按月存款界面，輸入服務號碼，點擊「下一步」（見圖 4-27）。

(見圖 4-27)

（2）選擇查詢起始帳期和結束帳期，點擊「確定」（見圖 4-28）。

圖 4-28

（3）選擇需按月存款的帳期，點擊「確定」（見圖 4-29）。

圖 4-29

(4) 打印。

4.1.4.8 退預存款

4.1.4.8.1 實驗任務

本實驗擬完成退還全部或者部分預存款的操作。

4.1.4.8.2 實驗說明

退還金額數值可小於或者等於原預存款金額。

4.1.4.8.3 操作步驟

(1) 輸入服務號碼並查詢（見圖 4-30）。

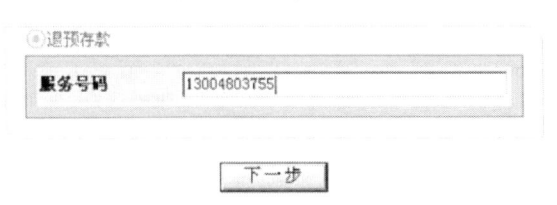

圖 4-30

(2) 雙擊選擇要退預存款的資金帳本（見圖 4-31）。

圖 4-31

（3）輸入退款金額（見圖4-32）。

圖4-32

（4）退費成功（見圖4-33）。

圖4-33

4.1.4.8.4　注意事項

與普通存款衝正的區別：退預存款是應用戶的要求，將用戶原有預存款退還給用戶；而普通存款衝正是用於操作錯誤，將錯誤操作回退處理。

4.1.4.9　收銀記錄調整

4.1.4.9.1　實驗任務

本實驗擬完成對收銀記錄進行調整的操作，生成一條負的費用記錄。

4.1.4.9.2　實驗說明

適用於收錯卡費等情況。例如：卡費本應50元而被錯收成100元，可以通過收銀記錄調整，衝掉50元。

4.1.4.9.3　操作步驟

（1）點擊「帳務→收銀記錄調整」，輸入受理單編號，單擊「查詢」（見圖4-34）。

圖4-34

（2）在輸入調整值及相關備註后，單擊「下一步」（見圖4-35）。

圖4-35

（3）在彈出對話單中點擊「確定」（見圖4-36）。

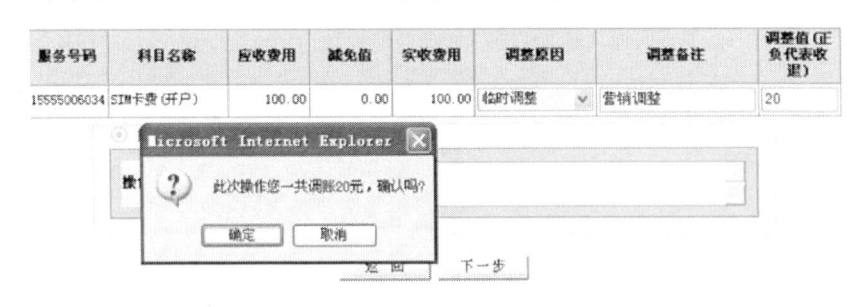

圖4-36

（4）調整成功（見圖4-37）。

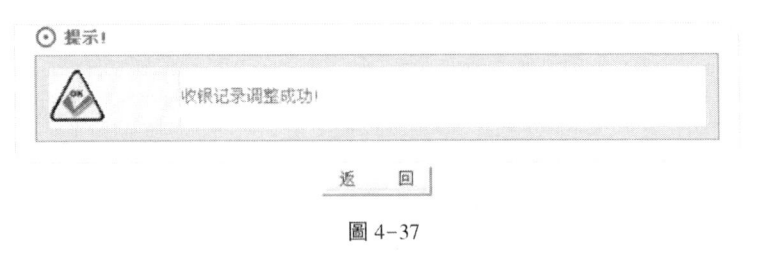

圖4-37

4.1.4.10　返款

4.1.4.10.1　實驗任務

本實驗擬完成返還用戶相應存款的操作。

4.1.4.10.2　實驗說明

針對號碼，返還客戶的各種存款。

4.1.4.10.3　操作步驟

（1）在選擇「帳務→返款」菜單后，輸入服務號碼，單擊「下一步」（見圖4-38）。

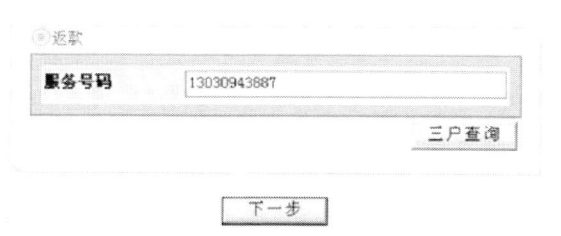

圖 4-38

（2）輸入返款金額（見圖 4-39）。

圖 4-39

（3）在彈出對話框中選擇「確定」（見圖 4-40）。

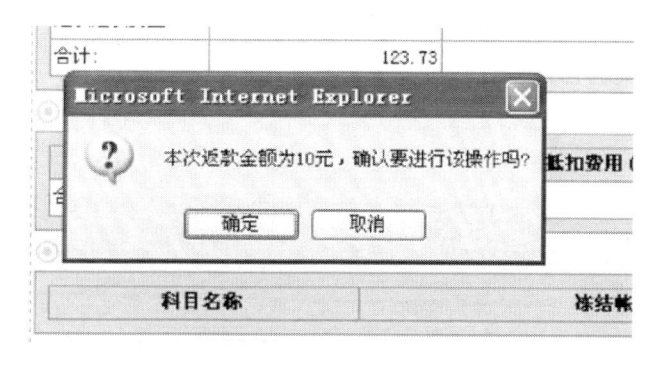

圖 4-40

（4）返款成功（見圖 4-41）。

圖 4-41

4.2 實驗 2 帳單發票打印

4.2.1 實驗目的

熟悉運營商前臺的各類帳單發票的打印流程和操作。

4.2.2 準備知識

客戶在使用運營商的各種業務和服務時，需要繳納各種費用，因此客戶就有打印各種發票帳單的需求，以便核實自己消費的具體內容及對應承擔的費用，發票和帳單也可用於客戶報帳。

4.2.3 實驗準備

需要已經做過開戶入網過程的號碼。

4.2.4 實驗內容及步驟

4.2.4.1 帳單打印

4.2.4.1.1 實驗任務

本實驗擬完成用戶帳單打印操作。

4.2.4.1.2 實驗說明

提供了發票和對帳單的打印；支持單個帳期和多個帳期的打印方式。

4.2.4.1.3 操作步驟

(1) 輸入服務號碼並查詢，選擇打印類型和帳期選項（見圖 4-42）。

圖 4-42

（2）打印對應發票或者對帳單（見圖4-43）。

賬期	銷賬狀態	賬單總額(元)	臨時調賬總額(元)	折扣總額(元)	應收(元)	欠費(元)	實收(元)	最後繳費日期	賬單狀態	服務類型	套餐	服務號碼
200611	銷賬	62.2	0	-24.3	37.9	0	37.9	19700101	正常	GSM普通	QZ_G_泉州分区市话卡2号	13004803755

賬期	科目名稱	原始費用(元)	折扣總額(元)	減免總額(元)	調整總額(元)	臨時減免總額(元)	臨時調整總額(元)	應收(元)	欠費(元)	實收(元)	服務號碼
200611	月租費	10.0	0	0	0	0	0	10.0	0	10.0	13004803755
200611	基本通話費	41.2	-24.3	0	0	0	0	16.9	0	16.9	13004803755
200611	功能費	6.0	0	0	0	0	0	6.0	0	6.0	13004803755
200611	增值業務費	5.0	0	0	0	0	0	5.0	0	5.0	13004803755

返回　打印發票

圖4-43

4.2.4.2　帳單打印日誌取消

4.2.4.2.1　實驗任務

本實驗擬實現清除帳單打印標記。

4.2.4.2.2　實驗說明

主要用於第三方平臺，如銀行、代收機構等，重打帳單受限制時，由營業管理人員在營業系統中清除帳單打印標記。

4.2.4.2.3　操作步驟

（1）輸入服務號碼並查詢，選擇帳單月（見圖4-44）。

圖 4-44

（2）雙擊打印日誌，選擇要取消的日誌條目（見圖 4-45）。

圖 4-45

（3）取消成功（見圖 4-46）。

圖 4-46

4.2.4.3 詳單打印

4.2.4.3.1 實驗任務

本實驗擬完成打印用戶詳單的操作。

4.2.4.3.2 實驗說明

客戶需要瞭解自己各種通信業務消費情況時，會要求打印詳單，包括本地話單、漫遊話單、增值話單、短信話單。業務規則約定只能打印前三個月的詳單。

4.2.4.3.3 操作步驟

(1) 輸入服務號碼並查詢（見圖 4-47）。

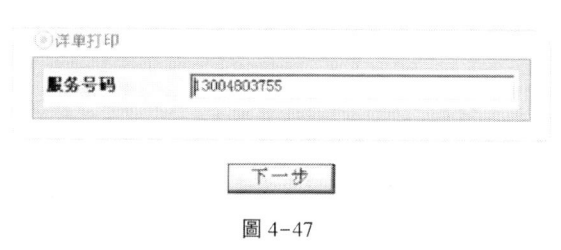

圖 4-47

(2) 選擇詳單類型（本地話單、漫遊話單、增值話單、短信話單）以及詳單的帳期（見圖 4-48）。

圖 4-48

(3) 打印（見圖 4-49）。

圖 4-49

4.2.4.4　營業發票補打

4.2.4.4.1　實驗任務

本實驗擬完成營業相關發票的補打操作。

4.2.4.4.2　實驗說明

客戶在繳費的時候，不一定要求打印發票，此後可能因為某種原因需要補打發票，就可通過本菜單功能完成。

4.2.4.4.3　操作步驟

（1）在選擇「帳務→營業發票補打」菜單後，輸入受理單編號，單擊「查詢」（見圖 4-50）。

圖 4-50

（2）打印發票，單擊「打印發票」（見圖 4-51）。

圖 4-51

5 經營分析實驗

5.1 實驗1 經營分析指標

5.1.1 實驗目的

本實驗要求學生掌握經營分析指標體系的構成，主要的經營分析指標含義、作用及意義，並能夠通過經營分析系統對相應指標進行查看、分析操作。

5.1.2 準備知識

5.1.2.1 經營分析指標體系構成

由基本指標和維度共同形成具體的指標定義。

基本指標指具體需要分析的對象，如出帳收入、發展用戶數、通話時長等。

維度指分析對象的屬性及分析的角度，如收入分檔、客戶狀態、通話類型等。

5.1.2.1.1 主要基本指標說明

（1）競爭信息類基本指標

其指對競爭對手的主要競爭信息的估算指標，主要包括發展用戶數估算、網上用戶數估算、收入估算、移動電話普及率等。

（2）業務發展類基本指標

其指反映運營商用戶的業務發展情況的指標，主要包括發展用戶數、新增用戶數、離網用戶數、網上用戶數、用戶到達數、通話用戶數、活躍用戶數等。

（3）業務使用類基本指標

其指反映運營商用戶的業務使用情況的指標，主要包括通話次數、實際通話時長、計費時長、短信條數、使用時長、流量、發送及接收郵件總數、下載量等。

（4）營業收入類基本指標

其指反映運營商用戶的業務收入情況的指標，主要包括優惠前出帳收入、優惠後出帳收入/應收收入、實收金額、優惠前通話費、優惠後通話費、月租費、通信費等。

(5) 服務水平類基本指標

其指反映運營商客服系統服務水平的指標，主要包括請求量、應答量、20秒內人工呼叫應答量、服務水平、系統呼叫總通話時長、系統平均通話時長、人工應答總量的總排隊時長、平均應答速度等。

5.1.2.1.2　主要維度說明

(1) 客戶類

其主要維度包括開機、停機、半停機、銷戶、成長期、穩定期、預警期、集團客戶、個人客戶、高價值客戶等。

(2) 產品類

其主要維度包括后付費業務、預付費業務、智能預付費業務、互聯網非經營性專線等。

(3) 營銷類

其主要維度包括全額補貼手機成本方式、部分補貼手機成本方式、自備機入網方式、基本月租、套餐月租、其他月租、競爭優惠挽留方式、協議挽留方式等。

(4) 服務類

其主要維度包括自有渠道、自有營業廳、客戶俱樂部、自助服務店、直銷渠道、網上營業廳、客服呼叫中心、掌上營業廳、社會渠道等。

(5) 合作夥伴類

其主要維度包括SP代碼、SP接入號碼、SP業務號碼等。

(6) 地域類

其主要維度包括縣、鄉、村等。

5.1.2.2　統計指標體系中統計指標類別

5.1.2.2.1　組合指標

組合指標指基本指標與維度組合以後的指標，如193語音註冊業務港澳臺長途通話次數，該指標包含產品、通信區域類維度和業務發展類基本指標。

(1) 競爭信息類

其指標內容以實際能獲取的數據為準，與內部指標比較時需按同口徑進行折算。

(2) 業務發展類

其主要指標有世界風通話用戶、世界風活躍用戶、新勢力發展用戶、新勢力網上用戶、新勢力用戶出帳用戶、新勢力停機用戶、新勢力通話用戶等。

(3) 業務使用類

其主要指標包括移動業務通話次數、移動業務實際通話時長、移動業務計費時長、本地非漫遊來去話通話次數、本地非漫遊來去話計費時長、漫遊本地來去話通話次數、漫遊本地來去話計費時長等。

(4) 營業收入類

其主要指標包括移動業務出帳收入、通話費收入、非漫遊本地通話費、漫遊

本地通話費、長途通話費、月租費、基本月租、套餐月租等。

（5）服務水平類

其主要指標包括投訴受理總量、服務渠道一次性解決量、服務渠道一次性解決率、一般投訴量、省級投訴量、全國級投訴量等。

5.1.2.2.2 綜合指標

綜合指標指兩個或兩個以上組合指標經過計算得出的指標。如世界風用戶MOU＝世界風用戶月通話時長/世界風用戶總數。

（1）離網率

離網率：離網用戶占用戶總體規模的比例。

計算公式：累計離網率＝分子［本年累計離網用戶］/分母［本年累計平均網上用戶］

月均離網率＝分子［累計離網率］/分母［月數］

當月離網率＝分子［當月離網用戶］/分母［當月平均網上用戶］

說明：

分子：離網用戶。

分母：為網上用戶的累計平均數。

（2）實收率

實收率：實收收入占出帳收入的比例。

計算公式：實收率＝分子［實收收入］/分母［出帳（應收）收入］

說明：

分子：實收收入。

分母：出帳收入。

（3）（B業務對A業務的）滲透率

滲透率：某類子業務用戶規模占整體業務規模的比例。

計算公式：滲透率＝分子［B業務用戶數］/分母［A業務的用戶數］

說明：

分子：B業務用戶數，可為出帳用戶、網上用戶，但需與分母同口徑。

分母：A業務用戶數，可為出帳用戶、網上用戶，但需與分母同口徑。

（4）MOU

MOU：平均每用戶每月計費時長。單位：分鐘/戶/月。

MOU計算公式：MOU＝分子［計費總時長/月數］/分母［累計平均用戶］

說明：

分子：計費總時長。

分母：累計平均用戶，可為網上用戶、出帳用戶的累計平均。不特殊說明時默認為網上用戶的累計平均數。

（5）ARPU

ARPU：平均每用戶每月收入。單位：元/戶/月。

計算公式：ARPU＝分子［收入/月數］/分母［累計平均用戶］

說明：

分子：收入，可為出帳收入、主營收入、香港會計準則的服務收入等。無特殊說明時，均為香港會計準則下的服務收入。

分母：累計平均用戶，可為網上用戶、出帳用戶的累計平均數。不特殊說明時默認為網上用戶的累計平均數。

(6) AUPU

AUPU：平均每用戶每月通話費收入。單位：元/戶/月。

計算公式：AUPU＝分子［通話費/月數］/ 分母［累計平均用戶］

說明：

分子：通話費，不含基礎月租等服務費

分母：累計平均用戶，可為網上用戶、出帳用戶的累計平均數。不特殊說明時默認為網上用戶的累計平均數。

5.1.3 實驗準備

瞭解和掌握經營分析指標體系構成，包括主要的基本指標和主要維度。瞭解主要的組合指標和綜合指標的具體含義。

5.1.4 實驗內容及步驟

5.1.4.1 月度客戶數指標

5.1.4.1.1 實驗任務

本實驗擬完成按月度查看並分析各種與客戶數相關的經營分析指標的操作。

5.1.4.1.2 實驗說明

該指標主要反映運營商的業務發展情況，包括在網用戶數、發展用戶數、出帳用戶數等。可以按照月份、網路類型、地市、品牌等維度觀察數據。

5.1.4.1.3 操作步驟

(1) 打開重慶郵電大學電信經分系統網站首頁。鼠標移動到「每月聚焦」，選擇「客戶數」，打開「客戶數」指標窗口（見圖5-1）。

圖 5-1

(2) 在「客戶數」指標窗口中，選擇月份、網路類型、地市、品牌等維度，可以通過不同維度觀察客戶數的相關指標值，並進行分析（見圖 5-2）。

圖 5-2

5.1.4.2 月度收入指標

5.1.4.2.1 實驗任務

本實驗擬完成按月度查看並分析各種與收入相關的經營分析指標的操作。

5.1.4.2.2 實驗說明

該指標主要反映運營商的業務收入情況，包括應收收入、本地通話費收入、長途通話費收入等。可以按照月份、網路類型、地市、品牌等維度觀察數據。

5.1.4.2.3 操作步驟

(1) 打開重慶郵電大學電信經分系統網站首頁。鼠標移動到「每月聚焦」，選擇「收入」，打開「收入」指標窗口（見圖 5-3）。

圖 5-3

(2) 在「收入」指標窗口中，選擇月份、網路類型、地市、品牌等維度，可以通過不同維度觀察收入的相關指標值，並進行分析（見圖5-4）。

圖 5-4

5.1.4.3 月度業務量指標

5.1.4.3.1 實驗任務

本實驗擬完成按月度查看並分析各種與業務量相關的經營分析指標的操作。

5.1.4.3.2 實驗說明

該指標主要反映運營商的業務量發展情況，包括計費總時長、MOU、每戶通話次數等。可以按照月份、網路類型、地市、品牌等維度觀察數據。

5.1.4.3.3 操作步驟

（1）打開重慶郵電大學電信經分系統網站首頁。鼠標移動到「每月聚焦」，選擇「業務量」，打開「業務量」指標窗口（見圖5-5）。

圖 5-5

（2）在「業務量」指標窗口中，選擇月份、網路類型、地市、品牌等維度，可以通過不同維度觀察業務量的相關指標值，並進行分析（見圖 5-6）。

指標名稱	本月	上月	環比增長	排名	占比率	地區均值	告警	指源	評論
業務量									
每月計費總時長	512,827,892	529,451,691	-2.29%	1	19.86%	209,423,088			
每月各地區MOU	270.84	281.45	-2.75%	2	9.00%	244.01			
每月平均每戶通話次數	126.33	128.18	-1.05%	3	8.78%	116.76			
每月各地區通話次數	206,481,444.62	210,068,215.67	-1.25%	1	19.50%	85,875,311.65			

圖 5-6

5.2 實驗 2 統計報表

5.2.1 實驗目的

本實驗要求學生熟悉省內報表的構成、主要的省內報表的分類、每類報表中有哪些主要具體報表，並能夠通過經營分析系統對相應報表進行查看、分析的操作。

5.2.2 準備知識

報表是根據業務部門的需求，按照一定的統計口徑和規則對基礎數據進行統計後的結果。各級業務部門對報表的需求不同，所以有各種不同類型的報表供業務部門使用。報表按使用部門不同可以分為以下報表類型（見圖 5-7）：

```
省內報表
├ 上報類
├ 上報專用
├ 考核類
│   常用指標經營報表
├ 用戶歸匯縣市收入報表
├ 財務報表
├ 市場部
├ 家客部
├ 集團客戶部
├ 產品創新部
├ 客服部
├ 待確認報表
├ 內部使用報表
├ OLAP報表
├ 網通報表
├ 電子商務部
└ 銷售部
```

見圖 5-7

（1）上報類，又細分為一類報表和市場經營類報表。
（2）上報專用。
（3）考核類，主要為縣區月報。

（4）用戶歸屬縣市收入報表。

（5）財務報表，又細分為常用日報、客戶類、常用月報、會業對帳、新會業對帳。

（6）市場部報表。

（7）家客部報表。

（8）集團客戶部報表。

（9）產品創新部報表。

（10）客服部報表。

（11）待確認報表。

（12）內部使用報表。

（13）網通報表，又細分為會業報表、流量報表、欠費收費表、智能網報表。

（14）電子商務部報表。

（15）銷售部報表。

另外，報表按照時間區間可以分為日報表、月報表和年報表。日報表主要針對業務銷售人員；月報表主要供部門經理使用；年報表的主要使用者則是高層領導或決策者。

5.2.3 實驗準備

（1）瞭解和熟悉省內報表的分類和構成，包括哪些是主要的報表。瞭解主要報表的含義。

（2）開始實驗之前要先安裝最新版 360 瀏覽器。

（3）下載並安裝報表插件：點擊「一類報表」下的任何一個報表，出現安裝圖表控件（見圖 5-8），點擊圖中的「Down」，按照提示安裝報表控件。

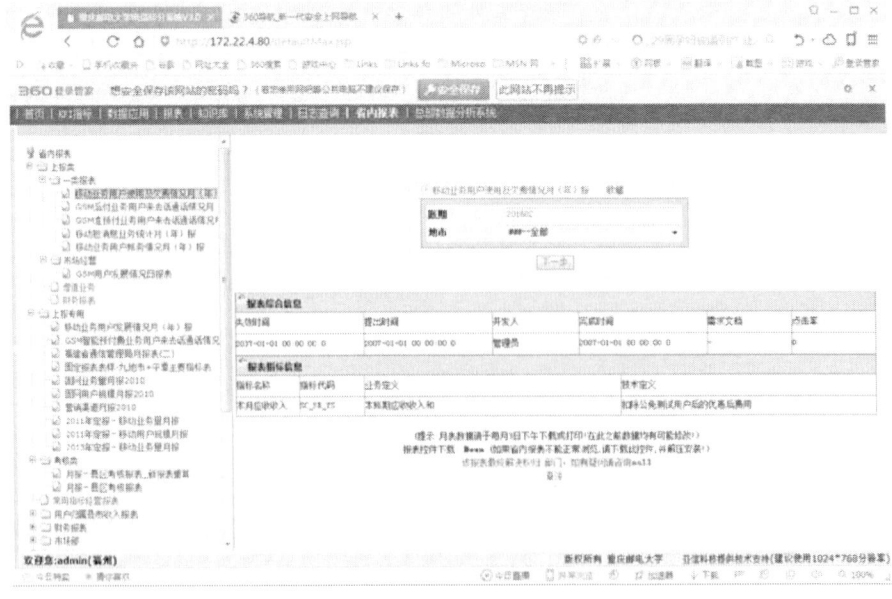

圖 5-8

5.2.4 實驗內容及操作步驟

5.2.4.1 查看上報類報表

5.2.4.1.1 實驗任務

本實驗擬完成按指定時間段查看該類報表下的各個報表，並對報表結果進行分析的操作。

5.2.4.1.2 實驗說明

該類統計報表主要反映運營商在某時段內的業務情況，包括：移動業務用戶使用及欠費情況月（年）報、GSM後付費業務用戶來去話通話情況月（年）報、GSM準預付費業務用戶來去話通話情況月（年）報、移動短消息業務統計月（年）報、移動業務用戶帳務情況月（年）報。可以按照月份、地市等維度觀察數據。本實驗系統中時間只能選2007年和2008年。

5.2.4.1.3 操作步驟

（1）打開重慶郵電大學電信經分系統網站首頁。鼠標移動到「省內報表」欄目，選擇「上報類」→「一類報表」（見圖5-9）。

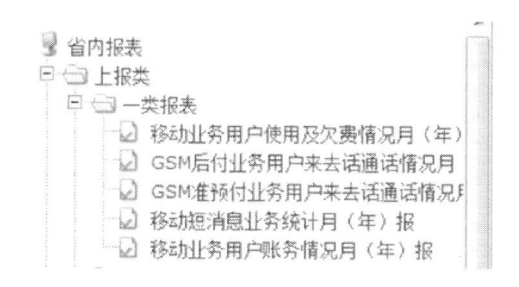

圖 5-9

（2）查看「移動業務用戶使用及欠費情況月（年）報」報表：在「帳期」輸入月份（時間只能選擇2007年和2008年兩年），在「地市」選擇要觀察的地區，點擊「下一步」（見圖5-10）。

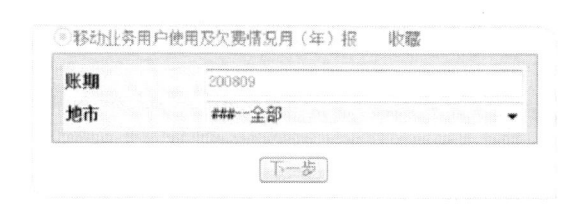

圖 5-10

(3) 觀察報表結果（見圖5-11）並進行分析。

移动业务用户使用及欠费情况月（年）报

报表编号：4　查询条件：账期=200809 地市=###--全部

指标ID	指标代码	指标名称	指标单位	本期值
1	CA2100	本期GSM业务开账应收收入	元	248136998.94
5	CB2100	本期GSM智能预付费业务开账应收收入	元	26787329.84
6	CA4100	本期末GSM业务累计欠费	元	87631999.03
12	CA4110	本年累计GSM业务欠费	元	37244860.83

圖5-11

（4）重複步驟2～3，查看「GSM後付費業務用戶來去話通話情況月（年）報、GSM準預付費業務用戶來去話通話情況月（年）報、移動短消息業務統計月（年）報、移動業務用戶帳務情況月（年）報」，查詢時間均只能是2007年和2008年兩年。每種報表的查詢結果應見圖5-12、圖5-13、圖5-14、圖5-15。

GSM后付业务用户来去话通话情况月（年）报

报表编号：6　查询条件：账期=200801 地市=###--全部

指标ID	指标代码	指标名称	指标单位	本期值
1	MD1110	GSM后付用户本地非漫游来去话通话次数	次	631714922.84
2	MD1130	GSM后付用户本地非漫游来去话计费时长	分钟	1384029291.28
3	MD1140	GSM后付用户本地非漫游来去话基本通话费	元	104210655.76
4	MD1111	GSM后付用户漫游本地来去话通话次数	次	17445672.86
5	MD1131	GSM后付用户漫游本地来去话计费时长	分钟	34336580.32
6	MD1141	GSM后付用户漫游本地来去话基本通话费	元	20002038.39
7	20000F	二、国内长途	标题	0.00
8	MD2310	GSM后付用户国内长途电话通话次数	次	51028389.92
9	MD2330	GSM后付用户国内长途电话计费时长	分钟	177242572.56
10	MD2331	其中：选网17911的计费时长	分钟	1856112.60
11	MD2332	其中：选网193的计费时长	分钟	115035.30
12	MD2333	其中：其他运营商接续的计费时长	分钟	0.00
13	MD2334	其中：经联通移动网接续的计费时长	分钟	175271424.66
14	MD2350	GSM后付用户国内长途电话通话费	元	20487743.63
15	30000F	三、国际电话	标题	0.00
16	MD3210	GSM后付用户国际电话通话次数	次	295372.60
17	MD3230	GSM后付用户国际电话计费时长	分钟	584458.88
18	MD3231	其中：选网17911的计费时长	分钟	1051.20
19	MD3232	其中：选网193的计费时长	分钟	131.55
20	MD3233	其中：其他运营商接续的计费时长	分钟	0.00
21	MD3234	其中：经联通移动网接续的计费时长	分钟	583276.13
22	MD3250	GSM后付用户国际电话通话费	元	954775.53
23	40000F	四、港澳台电话	标题	0.00
24	MD4210	GSM后付用户港澳台电话通话次数	次	177864.50
25	MD4230	GSM后付用户港澳台电话计费时长	分钟	510032.75
26	MD4231	其中：选网17911的计费时长	分钟	1734.48

圖5-12

GSM准预付业务用户来去话通话情况月（年）报

报表编号：7 查询条件：账期=200806 地市=###--全部

指标ID	指标代码	指标名称	指标单位	本期值
1	ME1110	GSM准预付费用户本地非漫游来去话通话次数	次	88354.82
2	ME1130	GSM准预付费用户本地非漫游来去话计费时长	分钟	156801.08
3	ME1140	GSM准预付费用户本地非漫游来去话基本通话费	元	42667.27
4	ME1111	GSM准预付费用户漫游本地来去话通话次数	次	3448.52
5	ME1131	GSM准预付费用户漫游本地来去话计费时长	分钟	7403.66
6	ME1141	GSM准预付费用户漫游本地来去话基本通话费	元	3660.03
7	20000F	二、国内长途	标题	0.00
8	ME2310	GSM准预付费用户国内长途电话通话次数	次	4479.28
9	ME2330	GSM准预付费用户国内长途电话计费时长	分钟	12919.25
10	ME2331	其中：选网17911的计费时长	分钟	140.16
11	ME2332	其中：选网193的计费时长	分钟	33.87
12	ME2333	其中：其他运营商接续的计费时长	分钟	0.00
13	ME2334	其中：经联通移动网接续的计费时长	分钟	12745.22
14	ME2350	GSM准预付费用户国内长途电话通话费	元	2445.68
15	30000F	三、国际电话	标题	0.00
16	ME3210	GSM准预付费用户国际电话通话次数	次	105.12
17	ME3230	GSM准预付费用户国际电话计费时长	分钟	156.37
18	ME3231	其中：选网17911的计费时长	分钟	0.00
19	ME3232	其中：选网193的计费时长	分钟	0.00
20	ME3233	其中：其他运营商接续的计费时长	分钟	0.00
21	ME3234	其中：经联通移动网接续的计费时长	分钟	156.37
22	ME3250	GSM准预付费用户国际电话通话费	元	588.04
23	40000F	四、港澳台电话	标题	0.00
24	ME4210	GSM准预付费用户港澳台电话通话次数	次	112.42
25	ME4230	GSM准预付费用户港澳台电话计费时长	分钟	459.61

图 5-13

移动短消息业务统计月（年）报

报表编号：13 查询条件：账期=200809 地市=###--全部

指标ID	指标代码	指标名称	指标单位	本期值
1	217F	短信出账用户	标题	0.00
2	ML6218	本期GSM业务短信出账用户	户	2705260.28
6	219F	短信使用量	标题	0.00
7	ML6210	本期GSM用户文本收费短信使用量	条	102412504.46
16	ML101F	GSM文本短信明细分类	标题	0.00
18	ML6230	本期GSM业务联通和中国移动文本收费短信互通业务量	条	131630120.82
19	ML6231	其中：本期GSM文本收费短信互通MO量（联通GSM-中国移动）	条	74553559.72
20	ML6232	本期GSM文本收费短信互通MT量（中国移动-联通GSM）	条	57076561.10
21	ML6280	本期联通和小灵通短信业务量	条	9443291.68
22	ML6281	其中：本期GSM文本收费短信互通MO量（联通GSM-小灵通）	条	4564021.32
23	ML6282	本期GSM文本收费短信互通MT量（小灵通-联通GSM）	条	4879270.36
35	ML6212	本期GSM用户短信业务收入	元	14268680.62

图 5-14

移动业务用户帐务情况月（年）报

报表编号：16 查询条件：账期=200801 地市=###--全部

指标ID	指标代码	指标名称	指标单位	本期值
1	YL14_1	GSM业务用户状态	标题	0.00
2	UC3004	本期末GSM网上用户中话费跃用户	户	4403008.14
3	UC3001	本期末GSM网上用户中出账减免后费用为零的用户	户	126915.08
4	UC3002	本期末GSM出账用户中话音通话费为零的用户	户	350264.22
5	UC3003	本期末GSM出账用户中短信费用为零的用户	户	1483319.12
11	YL14_11	GSM业务出账用户结构	标题	0.00
12	UG3490	本期末GSM出账用户中费用大于零小于等于10元的用户	户	344752.72
13	UG3491	本期末GSM出账用户中费用大于10小于等于20元的用户	户	593565.92
14	UG3492	本期末GSM出账用户中费用大于20小于等于30元的用户	户	662772.84
15	UG3493	本期末GSM出账用户中费用大于30小于等于50元的用户	户	1110727.12
16	UG3494	本期末GSM出账用户中费用大于50小于等于100元的用户	户	1216296.26
17	UG3495	本期末GSM出账用户中费用大于100小于等于200元的用户	户	467918.32
18	UG3496	本期末GSM出账用户中费用大于200小于等于300元的用户	户	84923.62
19	UG3497	本期末GSM出账用户中费用大于300小于等于500元的用户	户	31308.24
20	UG3498	本期末GSM出账用户中费用大于500小于等于1000元的用户	户	6307.20
21	UG3499	本期末GSM出账用户中费用大于1000元的用户	户	474.50

图 5-15

5.2.4.1.4 注意事項

開始實驗之前要安裝最新版 360 瀏覽器，進入省內報表后要安裝報表控件。並非所有報表都有有效數據，要按提示所給出的日期進行報表查詢。

5.2.4.2 查看上報專用報表

5.2.4.2.1 實驗任務

本實驗擬完成按指定時間段查看該類報表下的各個報表，並對報表結果進行分析的操作。

5.2.4.2.2 實驗說明

該類統計報表主要反映運營商在某時段內的業務情況，可以按照月份、地市等維度觀察數據。

5.2.4.2.3 操作步驟

（1）打開重慶郵電大學電信經分系統網站首頁。鼠標移動到「省內報表」欄目，選擇「上報專用」（見圖 5-16）。

圖 5-16

（2）查看「移動業務用戶發展情況月（年）報」報表：在「帳期」輸入月份（時間只能選擇 2007 年和 2008 年兩年），在「地市」選擇要觀察的地區，點擊「下一步」（見圖 5-17）。

圖 5-17

（3）觀察報表結果（見圖 5-18）並進行分析。

移动业务用户发展情况月（年）报

报表编号：2　查询条件：账期=200706　地市=###—全部

指标ID	指标代码	指标名称	指标单位	本期值
1	MC500F	GSM业务	标题	0.00
2	UC1000	GSM业务本期发展用户	户	312883.84
6	UB1000	GSM智能预付费本期发展用户	户	96614.04
7	UC3000	GSM业务本期末网上用户	户	5825674.48
11	UB3000	GSM智能预付费本期末网上用户	户	1081118.32
14	UC3500	GSM业务本期净增网上用户	户	-115959.04
18	UB3500	GSM智能预付业务本期净增网上用户	户	79460.50
19	UC3400	GSM业务本期末出账用户	户	4546529.06
23	UB3400	GSM智能预付费本期末出账用户	户	763901.20
25	UC3600	GSM业务本期净增出账用户	户	17085.65
27.1	UB3600	GSM智能预付费本期净增出账用户	户	43145.19

图 5-18

（4）重复步骤2~3，查看「上报專用」下的「GSM智能預付費業務用戶來去話通話情況月（年）報」，查詢時間均只能是2007年和2008年兩年，結果見圖S 5-19。

GSM智能预付费业务用户来去话通话情况月（年）报

报表编号：8　查询条件：账期=200801　地市=###—全部

指标ID	指标代码	指标名称	指标单位	本期值
2	MM1110	GSM智能预付费用户本地非漫游来去话通话次数	次	73599591.34
3	MM1130	GSM智能预付费用户本地非漫游来去话计费时长	分钟	186928093.86
4	MM1140	GSM智能预付费用户本地非漫游来去话基本通话费	元	13720843.74
5	MM1111	GSM智能预付费用户漫游本地来去话通话次数	次	1827838.24
6	MM1131	GSM智能预付费用户漫游本地来去话计费时长	分钟	3210310.78
7	MM1141	GSM智能预付费用户漫游本地来去话基本通话费	元	2042954.90
8	20000F	二、国内长途	标题	0.00
9	MM2310	GSM智能预付费用户国内长途电话通话次数	次	10175983.92
10	MM2330	GSM智能预付费用户国内长途电话计费时长	分钟	41620682.09
11	MM2331	其中：选网17911的计费时长	分钟	293080.40
12	MM2332	其中：选网193的计费时长	分钟	5390.90
13	MM2333	其中：其他运营商接续的计费时长	分钟	0.00
14	MM2334	其中：经联通移动网接续的计费时长	分钟	41322210.79
15	MM2350	GSM智能预付费用户国内长途电话通话费	元	8328617.98
16	30000F	三、国际电话	标题	0.00
17	MM3210	GSM智能预付费用户国际电话通话次数	次	31429.42
18	MM3230	GSM智能预付费用户国际电话计费时长	分钟	58199.10
19	MM3231	其中：选网17911的计费时长	分钟	175.20
20	MM3232	其中：选网193的计费时长	分钟	4.96
21	MM3233	其中：其他运营商接续的计费时长	分钟	0.00
22	MM3234	其中：经联通移动网接续的计费时长	分钟	58018.94
23	MM3250	GSM智能预付费用户国际电话通话费	元	109616.11
24	40000F	四、港澳台电话	标题	0.00
25	MM4210	GSM智能预付费用户港澳台电话通话次数	次	0.00
26	MM4230	GSM智能预付费用户港澳台电话计费时长	分钟	0.00

图 5-19

5.2.4.3　查看銷售部報表

5.2.4.3.1　實驗任務

本實驗擬完成按指定時間段查看該類報表下的各個報表，並對報表結果進行分析的操作。

5.2.4.3.2 實驗說明

該類統計報表主要反映銷售部門在某時段內的業務銷售情況，可以按照給定時間（某日或某個起止時間段）維度觀察數據。

5.2.4.3.3 操作步驟

（1）打開重慶郵電大學電信經分系統網站首頁。鼠標移動到「省內報表」欄目，選擇「銷售部」（見圖 5-20）。

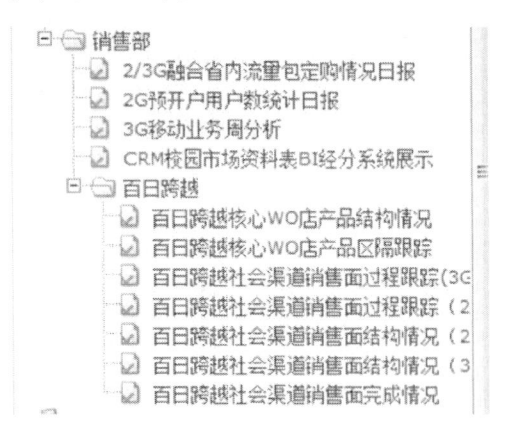

圖 5-20

（2）查看「2/3G 融合省內流量包定購情況日報」報表。在「日期」輸入具體日期（時間段只能在 2012 年 11 月 19 日~2013 年 12 月 11 日之間選擇），點擊「下一步」，觀察報表結果（見圖 5-21），並進行分析。

圖 5-21

圖 5-22

（3）重複上述步驟查看「銷售部」的其他報表，注意有效日期為 2012 年 11 月 19 日~2013 年 12 月 11 日，並觀察報表結果。

國家圖書館出版品預行編目(CIP)資料

通信運營商CRM與經營分析系統實訓教程 / 武建軍 主編. -- 第一版.
-- 臺北市：崧燁文化，2018.08
　面　；　公分

ISBN 978-957-681-500-3(平裝)

1.電信管理

557.7　　　　107013276

書　名：通信運營商CRM與經營分析系統實訓教程
作　者：武建軍 主編
發行人：黃振庭
出版者：崧燁文化事業有限公司
發行者：崧燁文化事業有限公司
E-mail：sonbookservice@gmail.com
粉絲頁　　　　網　址
地　址：台北市中正區重慶南路一段六十一號八樓815室
8F.-815, No.61, Sec. 1, Chongqing S. Rd., Zhongzheng Dist., Taipei City 100, Taiwan (R.O.C.)
電　話：(02)2370-3310　傳　真：(02) 2370-3210
總經銷：紅螞蟻圖書有限公司
地　址：台北市內湖區舊宗路二段121巷19號
電　話：02-2795-3656　傳真：02-2795-4100　網址：
印　刷：京峯彩色印刷有限公司（京峰數位）

　　本書版權為西南財經大學出版社所有授權崧燁文化事業有限公司獨家發行
　　電子書繁體字版。若有其他相關權利及授權需求請與本公司聯繫。

定價：350 元
發行日期：2018 年 8 月第一版
◎ 本書以POD印製發行